高等职业教育电子商务专业系列教材

电子商务创业

主　编　赵永楷　卢　琳
副主编　李小芳　杨　晓　何梦佳　凌光颖
参　编　吴斯科　翁勤晴　刘　露　王天霞　钟洪发

中国轻工业出版社

图书在版编目（CIP）数据

电子商务创业/赵永楷，卢琳主编 .—北京：中国轻工业出版社，2020.12
高等职业教育电子商务专业系列教材
ISBN 978-7-5184-3031-4

Ⅰ.①电… Ⅱ.①赵… ②卢… Ⅲ.①电子商务—高等职业教育—教材 Ⅳ.①F713.36

中国版本图书馆CIP数据核字（2020）第094851号

策划编辑：张文佳
责任编辑：崔丽娜　　责任终审：张乃柬　　封面设计：锋尚设计
版式设计：砚祥志远　　责任校对：晋　洁　　责任监印：张　可

出版发行：中国轻工业出版社（北京东长安街6号，邮编：100740）

印　　刷：三河市国英印务有限公司

经　　销：各地新华书店

版　　次：2020年12月第1版第1次印刷

开　　本：787×1092　1/16　印张：10

字　　数：250千字

书　　号：ISBN 978-7-5184-3031-4　定价：35.00元

邮购电话：010-65241695

发行电话：010-85119835　传真：85113293

网　　址：http://www.chlip.com.cn

Email：club@chlip.com.cn

如发现图书残缺请与我社邮购联系调换

200199J2X101ZBW

前言
PREFACE

2015年，李克强总理在第十二届全国人大三次会议上提出，"制定'互联网+'行动计划，推动移动互联网、云计算、大数据、物联网等与现代制造业结合，促进电子商务、工业互联网和互联网金融健康发展，引导互联网企业拓展国际市场"。时代已从"创业1.0"变迁到"创业4.0"。20世纪80年代的"创业1.0"是用"跟进式创新"挣脱束缚，当年的创业者文化程度普遍不高、市场不规范、政策不健全、法律不成熟，创业者们在兼顾顾客、竞争者、政府等多个利益相关群体的需求中完成了自己第一阶段的创业。如今"创业4.0"时代到来后，技术创业掀起高潮，高校创业教育也迎来了新发展，如何促进多学科交叉与创业的结合是首要难题。

根据中国互联网络信息中心（CNNIC）第44次《中国互联网络发展状况统计报告》，截至2019年6月，中国网民规模达8.54亿，2019年上半年共计新增网民2 598万人。互联网普及率为61.2%，较2018年年底提升了1.6个百分点。根据国家统计局数据显示，2019年全国网上零售额为106 324亿元，比2018年增长了16.5%。其中，实物商品网上零售额为85 239亿元，增长了19.5%，超过社会消费品零售总额增长的8.0%。2019年全国电子商务交易额为34.81万亿元，比2018年增长了6.7%。

近年来，电商行业高速发展，全国高等院校普遍开设了电商专业及电商相关课程，各种电商创业活动及电商创新创业大赛也是层出不穷。从事电商创业的人员亟须系统地学习电子商务创业理论与方法，对注重创新创业实践的高职院校学生而言，电子商务也是必不可少的学习课程。目前市面上的电商创业类书籍较多地分析讲解"电子商务实务""网络营销""网店平台运营"等，缺少理论以及实践案例的指导。《电子商务创业》的出版对电商创业的理论和方法进行了系统解析，旨在通过大量的案例培养创业者的电子商务创新思维，增强电子商务创业能力，为电商创业打下坚实基础。

本书以任务为导向，分为5个任务共20小节，每个任务采用"案例导入+理论+任务小结+思考与练习"的方式，力求系统全面地介绍"电商创业"。任务一为电商创业认知，内容包括创业的含义与社会条件、创业者、创业机会与环境等相关基础理论和背景知识；任务二为电商创业计划书与电商创业运作流程，内容分别为电商创业计划书及电商创业运作流程，以完成任务的方式，让创业者掌握实现电商创业的整个流程运作方法；任务三为电商创业模式，以F2C新零售模式（农村电商）、F2C微合伙人模式（微信模式）和诚信电商（跨境电商）3个典型电子商务模式为例，解决电商创业者选择创业模式的难题；任务四为电商创业风险管理，内容涵盖电商创业风险管理概论、项目选择风险管理、信誉风险管理、资金链断裂风险管理、企业人力资源风险管理和创业技术风险管理，使创业者懂得在电商创业过程中如何进行风险管理，规避或尽量减少电商创业风险；任务五为电商创业管理，内容有电商创业组织管理、计划管理、营销管理、物资管理、人力资源管理与财务管理等，从电商创业者的角度，解析电商创业从组织计划到人力、财务管理的全过程。

本书由宜宾职业技术学院赵永楷、卢琳担任主编；李小芳、杨晓、何梦佳、凌光颖担任副主编；吴斯科、翁勤晴、刘露、王天霞、钟洪发参编。本书内容兼顾了电商创业理论基本知识和实践操作的学习，加入了大量现实案例，可作为电商创业教育的辅助教材，能够为高校学生及电商创业人员提供较好的指导与帮助。本书在编写过程中得到了学校以及社会各界的大力支持和热情帮助，在此表示衷心的谢意。

由于作者水平有限，书中难免有不足之处，恳请同行与广大读者批评指正。

编者

目录

任务一　电商创业认知 ... 1
案例导入　大学生电商创业 ... 2
第一节　创业的含义与社会条件 ... 2
第二节　创业者 ... 10
第三节　创业机会与环境 ... 29

任务二　电商创业计划书与电商创业运作流程 ... 49
案例导入　"90后"音乐系女生跻身年销过亿的淘宝店主之列 ... 50
第一节　电商创业计划书 ... 50
第二节　电商创业运作流程 ... 57

任务三　电商创业模式 ... 63
案例导入　孝心小伙回乡创业 ... 64
第一节　F2C新零售模式——以农村电商为代表 ... 64
第二节　F2C微合伙人模式——以微信模式为代表 ... 72
第三节　诚信电商——以跨境电商创业为代表 ... 73

任务四　电商创业风险管理 ... 78
案例导入　Kozmo.com的兴起与衰败 ... 79
第一节　电商创业风险管理概论 ... 79
第二节　电商创业项目选择风险管理 ... 85
第三节　电商创业信誉风险管理 ... 88
第四节　电商创业资金链断裂风险管理 ... 89
第五节　电商创业企业人力资源风险管理 ... 90
第六节　电商创业技术风险管理 ... 94

任务五　电商创业管理 ·· 97
　　案例导入　"80后"海归的电商创业梦 ··· 98
　　第一节　电商创业组织管理 ·· 98
　　第二节　电商创业计划管理 ··· 105
　　第三节　电商创业营销管理 ··· 109
　　第四节　电商创业企业物资管理 ·· 117
　　第五节　电商创业人力资源管理 ·· 123
　　第六节　电商创业企业财务管理 ·· 140

参考文献 ··· 153

任务一　电商创业认知

学习目标

1. 掌握创业的基本含义
2. 熟悉创业者的概念、地位、基本条件，创业环境
3. 了解创业发展的社会条件，创业环境的表现形式与适应环境的方法，创业机会的特征、形成规律与把握创业机会的原则

技能目标

1. 提高电商创业者对创业的理性认识
2. 帮助电商创业者树立科学的创业观

能力目标

学会审时度势，借助环境和机会的力量去争取创业的成功

素质目标

1. 培养电商创业者自信、开放的心态
2. 促进电商创业者形成执着、灵活应变、吃苦耐劳、脚踏实地、雷厉风行的素质，具有良好的商业道德和责任感

职业能力目标

学会运用创业基础知识，提高解决电商创业现实问题的处理和应变能力

> **案例导入** 大学生电商创业

线上，一件件需求订单不断飞来；线下，一辆辆物流车进进出出。连日来，位于安陆市电子商务产业园内的楚详电商公司繁忙一片，拼多多平台订下的小龙虾、土鸡、土鸡蛋等农土特产品陆续被运送到客户手中。

楚详电商公司法人刘晓峰介绍，公司入驻产业园3个月，现在平均一天能接到订单2 000件，累计销售额已超过300万元。

2019年以来，安陆市积极搭建电商创业平台，通过建立完善的电商上下产业链，在各个环节提供保姆式服务，吸引大学生返乡创业，带动农业农村经济发展。

2019年4月底，安陆市电子商务产业园建成并投入运营。该产业园总面积3 400平方米，里面配备电脑、办公桌椅，设有摄影室、会议室、休息室、健身房、餐厅等，4G信号全覆盖，专线接通水、电、网络，大学生创业人员可拎包入驻。

为更好地服务于创业的大学生，在供销部门的倡导下，安陆市青年创业协会、安陆市电子商务协会等社会组织进驻产业园，全程为新入驻的电商公司提供创业咨询、创业培训、代办证件、项目申报、资金补贴等一条龙服务；同时，积极对接市域各大物流公司，在物流成本方面给予支持，帮助返乡大学生实现创业梦。目前已吸引20余名大学生返乡进园创业，注册成立电商公司11家。

请结合上述案例，根据电子商务发展的趋势，阐述电子商务专业学生创业时应考虑的问题、创业理念培养的重要性和培养的方法。

（1）作为个人创业，电子商务专业学生在开办网店时主要应考虑的问题有：
①筹集资金；
②合理确定网上商店的市场定位；
③合理确定商品的价格定位；
④选择恰当的付款和配送方式。
（2）创业理念培养的重要性。
互联网为个人创业提供了大量资金，缺乏先进创业理念者很难抓住发展机遇。
（3）培养的方法。
①高等教育除重视专业知识的训练外，还应重视创业理念的培养。
②通过分析不同企业、不同网站的创业思路和创业方法，培养正确的创业理念。
③通过社会调查和社会实践积累创业经验，提高创业活动的成功率。

第一节 创业的含义与社会条件

一、创业的含义

人类自在地球上站立起来那天起，便以拓荒者的步伐踏上了创业的路程。人类居住的星球原来是一穷二白的，除了物质以外什么也没有，正是由于人类的创业活动，才使它变成了百业兴旺、五谷丰登的家园。创业是一切财富的源泉，它使人们富有、社会繁荣、国家昌盛。我们在生活中享受的各种物质的和精神的文明成果无不是创业者劳动和智慧的结晶。

（一）创业的基本概念

"创业"在《现代汉语词典（第7版）》里定义为创办事业。创，篆文从刀，仓为声，故也是形声字。业，篆文像古代乐器架于横木上的大板，上面刻有锯齿，以便悬挂钟、鼓等乐器，后引申为所从事的学业、事业、职业、行业、就业、产业、创业、工作等。由此可见，"创业"是创字当头，业为基础。这就意味着任何一项事业都是一个由无到有、由小到大、由简到繁、由旧到新的创造过程。

1. 创业的含义

对一般人来说，创业并不是一个陌生的概念。通常人们把它看作是开创事业的活动。但作为一个科学名词，创业有其特定的含义，我们应对它做出合乎实际的解释。

从字义上看，创由"仓"和"立刀"组成。取"仓"之声，取"立刀"之意，用刀砍东西，在没有裂口的地方砍出伤口即为创。这样，创就有了创造、首创、开始、开拓、前所未有的意思。另外，"仓"是囤积粮食的地方，加上一个"立刀"，意即用刀将成熟的庄稼割下，然后储存起来。这样，"创"又含有收获、积累、储藏的意味。"业"的意思一般指事业、家业、职业。两字合起来组成了"创业"一词，我们可以把它理解为开创事业或积累财富的过程。

现实生活中，创业首先被看作是一种穷则思变的行动。其一，创业者总是一无所有、白手起家的。如《左传·宣公十二年》中，用"筚路蓝缕，以启山林"（架着柴车，穿着破衣，去开发荒山野林）来描述楚人的祖先俭朴的创业生活。其二，创业被看作是前人为后辈开创事业的基础。如《孟子·梁惠王》载："君子创业垂统，为可继也"（有德者创立基业，为的是传给子孙，让后代继续干下去）。其三，创业也被看作是创新，从头开始一种事业。如《贞观政要·论君道》记载："太宗谓侍臣曰：'帝王之业，草创与守成孰难？'"（开创帝业与守住帝业哪一个比较难？）因此，我们可以把创业解释为人们为了改变现状和子孙后代的幸福而进行的创造性活动。

不同方面对创业进行的定义是不同的：

（1）创业是新颖的、创新的、灵活的、有活力的、有创造性的、能承担风险的过程，许多学者认为，发现并把握机遇是创业的一个重要部分。

（2）创业是包括创造价值、创建并经营一家新的营利型企业的过程，即通过个人或一个群体投资组建公司，提供新产品或服务以及有意识地创造价值的过程。

（3）创业是创造不同的价值的过程，这种价值的创造需要投入必要的时间和付出一定的努力，承担相应的金融、心理和社会风险，并能在金钱和个人成就感方面得到回报。

（4）国际管理科学学会的教授协会对创业也给出了一个广义上的定义：对新企业、小型企业和家庭企业的创建和经营。

创业有广义、狭义之分。广义的创业泛指人类一切带有开拓意义的社会变革活动。

它涉及的领域非常广阔，无论政治、经济、军事领域还是文化艺术事业，只要人们从事的是前无古人的事业都可称之为创业。诸葛亮在《前出师表》中所讲"先帝创业未半，而中道崩殂"指的是创帝王之业；毛泽东领导中国人民进行新民主主义革命是在创立无产阶级大业；柳青小说《创业史》中的主人公梁生宝创的业则是一个农村的合作化事业；新中国的科学家们研制出了"两弹一星"，使我国的原子弹、氢弹、人造卫星从无到有，开创了新中国的国防科技事业；今天，我们党领导的中国特色社会主义建设更是前无古人的事业，是在创中华民族的千秋大业。

狭义的创业专指社会上的个人或群体自己开展的以创造财富为目标的社会活动。这种活动对于整个人类来讲也许是前有古人的，但对创业者本身来说则是从未经历过的、从头开始的事业。如柳传志创办联想集团、张朝阳创建搜狐网、丁祖诒创建西安翻译学院、刘永好创建新希望集团都属狭义上的创业，创业学研究的就是这种狭义上的创业活动。

据上述理解，我们可以给出一个明确的定义：创业是指社会上的个人或群体为了改变现状、造福后人，依靠自己的力量创造财富的艰苦奋斗的过程。

创业是一个过程，在这个过程中某一个人或一个团队使用组织力量去寻求机遇，去创造价值和谋求发展，并通过创新和特立独行来满足自己或部分人的愿望和需求，而不管他们手中此时有什么样的资源。

创业是一种创新性活动，它的本质是独立地开创并经营一种事业，使该事业得以稳健发展、快速成长的思维和行为的活动。走上创业之路是人生的一个大转折，它是成就自己事业的过程，是自我价值和能力的体现。创业需要直接面向社会，直接对顾客负责，创业者个人的收入直接与经营利润连在一起。其实，创业的过程就是解决一个接一个矛盾的过程。正如一位作者指出的那样："创业最大的好处，就是可以当自己的主人。"

创业的定义包括以下重要主题：

（1）过程。创业是一系列的进行中的决策和行动。创业不是昙花一现，而是一个需要时间的过程。它包括从创业伊始到企业的经营管理，甚至到某一时间退出之间的所有的各类决策和行动。

（2）企业家。毫无疑问，如果没有一位愿意去做企业家要做的事情的人，就不会有创业。因为企业家是创业行动中的关键要素，没有企业家就不会有创业。

（3）创新。创新包括变化、改革、改造以及新方法的引进。

（4）成长。创业型企业区别于其他小型企业的主要一点，就是创业型企业侧重于企业的成长。创业是创建一家企业，并在其成长过程中把握住发展机会。它不是静止不前或满足于一个市场或一种产品，创业包含着成长。

（5）组织创建。为了寻求已感知到的创新机遇，为了去创造价值，就必须具备有组织的努力和行动，必须有人带头来做一些事情——采取行动让创业型企业建立并运行起来。

2. 创业的特征

创业作为人类的社会行为，有以下几个基本特征：

（1）自主性。创业从来就是一种独立自主的行为，几乎所有的创业者都是在身处逆境且没有其他力量可以依靠的情况下，被迫开始创业的。正如《国际歌》中说的："从来就没有什么救世主，也不靠神仙皇帝，要创造人类的幸福，全靠我们自己。"创业者是自己命运的主人，他们独立自主，自力更生，靠着自己的力量开创出一个完全属于自己的事业，从而实现了当家做主的理想。

（2）开拓性。创业对于任何创业者来说都是一项前所未有的事业，一旦拥有或继承前人的事业就不能称之为创业。也许这项事业对于人类已经有过尝试和体验，但对创业者本人仍是一项空前的未知的事业。虽然可以借鉴、模仿、学习前人的经验和方法，但自己必须从头做起。所以，创业的精神实质就是开拓创新，每一个创业者都是勇敢的开拓者、创造者。所谓创业，就是开拓新的事业。

（3）功利性。创业是一项充满功利性的事业，也是一个创造财富、积累财富的过程。几乎每一个创业者进行创业的初衷都是为了发家致富。无论创业者采取什么手段或方式创业，其目的只有一个——发财。这是创业者的共性。没有利益的驱动，人们不会冒着风险去创业。创业的生活是无比艰辛的，风餐露宿，苦不堪言，唯有致富的信念支持着创业者走完艰难的历程。成功的创业者几乎都实现了财务自由，衡量创业成功的首要标准就是创业者的富裕程度。

3. 创业的类型

不同的时代、不同的领域、不同的个人和团体都存在着创业活动，这就使创业活动表现为多种多样的类型。

从创业的时代背景看，创业可分为传统创业、现代创业两种类型。这两种类型的创业活动由于社会条件不同，所以在创业的水平、特点、手段上表现出了极大的差异。

从创业的宏观环境看，创业有国内创业和海外创业两种类型。这两种创业类型反映了创业活动的广度。创业空间的反差决定了它们在创业形式、内容及风格上的不同。

从创业的微观环境看，创业又有内部创业和外部创业两种类型，这两种创业类型反映了创业活动的深度。内部创业特指一个组织内部的一些集体的创业活动，外部创业特指一个独立的社会组织的创业活动。

从创业的模式看，创业表现为独自创业、合伙创业、家族创业、集团创业4种类型。这些类型反映了创业活动的本质、规模和利益关系。

从创业的发展阶段划分，创业又有初次创业、再创业、持续创业3种类型。初次创业是指事业的草创时期的活动；再创业是在初次创业结束后为达到原定目标而继续的创业活动；持续创业是在创业成功后为巩固和扩大创业成果而不间断进行的创业活动。

从创业的动机看，创业有自发创业、自主创业、自觉创业3种类型。自发创业通常是为环境所迫、争取生存的创业活动，具有很强的被动型；自主创业是为适应环境需要、争取发展的创业活动，具有更多的主动性；自觉创业往往是为改造环境、造福社会的创业活动，是人对客观世界能动性的反映。

（二）创业产生的动因

从原始社会的刀耕火种到封建时代的四大发明，从工业革命用机器生产取代手工劳动，到知识经济时代科学技术成为第一生产力，人类始终没有停止过创业的脚步。创业活动的产生是历史的必然，是不以人们的意志为转移的客观规律。不论你愿意不愿意，都有可能自觉不自觉地或迟或早地走上创业之路。究竟是什么力量推动人类创业的进程呢？心理学研究证明：需要产生动机，动机导致行为。人们的创业冲动是在各种需要的刺激下产生出来的。需要，是产生创业的直接动因。

1. 生存的需要

人们首先解决了吃穿住行的问题，然后才有可能进行其他社会活动。当人们连一日三餐都难以为继的时候是不可能有更高要求的，生存是人最基本的需要。遗憾的是，迄今为止人类并没有完全解决这个问题，世界上仍有许多人生活在贫困线以下，甚至有些挣扎在死亡线上。他们衣食无着，不得温饱，生存的需要刺激了他们的创业动机，使他们最终走上了创业之路。我国近些年来下岗工人的再就业问题就是一个很有说服力的例子。有些人迫于生计，不得不干起了自己以前瞧不上眼的"练摊儿"、开饭馆等营生，这也可以说是创业的开始。这是在做被迫无奈的事，说是逼上梁山一点儿也不算过分。因为一无所有，才要创业；因为走投无路，才要创业。生活上吃穿不愁、工作上志得意满、事业上春风得意的人由于不存在生存问题，是不易产生创业动机的。当然，这种创业属于较低层次的自发创业，创业者的素质一般都不高，也难有良好的社会效果。

2. 发展的需要

人活着并不只是为了生存。每一个人都有自己的追求，他们在有了基本的生活保证后都希望能在各方面得到发展，如改善生活条件、提高社会地位、施展个人才能等，这些也是激发人们创业动机的一个原动力。从发展的角度讲，一个人无论替老板办事还是为国家工作，干得再好也不过是跻身于白领阶层而已，生活问题当然不会存在，但要满足自己种种的发展的需要仍很困难。人的追求是无止境的，他们总是在寻找新的目标，使自己得到进一步的发展。经过多次的"跳槽"、择业高就的体验，他们最终会发现，要使自己得到真正意义上的发展，最好的办法就是另起炉灶，自己当老板，于是就产生了创业动机。随着时代的发展和人们生活水平的普遍提高，为了发展的需要而加入创业者队伍中的人将越来越多。这种创业属于自主创业，与为争取生存的创业相比，创业者的素质、创业的水平都高出一筹，创业活动也会有较好的社会效果。

3. 尊重的需要

在物质需要得到满足以后，人们还会追求精神上的需要。人是社会的动物，生活在人群之中就需要人们的尊重和爱戴，人们都想流芳百世而绝不愿遗臭万年。但怎样才能赢得尊重，使自己青史留名呢？那就是要出人头地并对社会做出贡献。当国家领导人、科学家、艺术家甚至英雄人物都可满足这种需要，不过这种机会实在太少。对大多数人来说，通过贡献自己的劳动成果或支持社会公益事业的途径来获得社会尊重则更为可行。如美国石油巨子洛克菲勒就曾以捐助慈善机构上亿美元的慷慨之举获得了慈善家的美名。在我国，也不乏私营企业主拿出巨款支持家乡脱贫、赞助灾区人民和捐赠希望工程的实例。于是，尊重的需要成为很多人创业的动机。这种创业虽然带有强烈的个人主义色彩，仍属于自主创业的范畴，但由于创业者的动机是同社会利益结合起来的，所以，在今天是值得推崇的。

4. 自我实现的需要

需要一旦得到满足，也许就不会再燃起创业的火花。但任何社会都会有一些具有崇高思想境界的人，这种人以改造社会为己任，把对社会的贡献作为实现自我人生价值的目标。"穷则独善其身，达则兼济天下"正是这部分人的心理特征。这些人在知识分子中为数不少。他们有理想，有能力，勇于承担责任，富于创造和自我控制。按常理，优越的自身条件使他们能够获得理想的工作，较高的地位和富足的生活使他们无须吃创业之苦。但优越的环境无助于实现他们的人生价值，也许还会消磨他们的斗志。他们仍然需要创业，这是一种完全主动的自觉创业，这种创业动机是同社会效果紧密结合在一起的。不是为了索取，而是为了奉献；不是为了个人发财，而是为了造福社会。这样的创业者人数虽不多，但他们像一面面鲜艳的旗帜，引导着创业大军朝着健康的方向前进。

二、创业的意义与发展的条件

（一）创业的意义

创业提高了人类自身的能力，改变了整个世界的面貌。我们现在所拥有的一切，可以说都是创业的结果。创业的兴起和发展对人类社会的进步产生了巨大的推动作用。

1. 创业使其技术转化，提高了社会生产力

人类每一项新的技术发明几乎都是在创业过程中首先得到应用的，创业是科学技术的物化器。老企业由于包袱太重，往往不能首先应用最新技术来武装自己。新创企业则没有负担，很容易采用新技术。在近代中国历史上，最先采用机器生产的民族工业无一例外全都是新创企业。如陈启源创办的继昌隆缫丝厂、黄佐卿创办的公和永缫丝厂和徐润创办的同文书局。后来，张謇创办大生沙厂、范旭东创办久大精盐厂、卢作孚创办民生公司都应用机器生产。他们不但开创了中国的近代工业，为中国社会带来了新的生产力，也促进了中国社会的变革，使中国社会产生了新的生产关系——工业无产阶级和民族资产阶级。美国的硅谷是现代创业者的摇篮，那里的创新企业几乎全部都是在最新的科学技术催生下兴起的。在那里，往往一个科研成果、一项专利、一篇论文甚至一个好的想法都可以促成一个公司的创立。又如名满全球的雅虎不过是创业者捎带从事的一个项目却成就了一番大事业。从这里不难看出，由于创业的作用，科学技术向现实生产力的转化过程得以加快，人类获得了先进的科技手段，极大地提高了社会生产力，增强了改造世界和改造自己的能力。

2. 创业创造财富，丰富了社会生活

创业是创造财富的过程，它为我们带来了无穷无尽的社会财富，极大地丰富了人们的物质生活和精神生活。创业企业不断地向社会提供传统产品，也不断地向社会推出全新产品。几乎所有的新产品都是由创业企业提供的。据美国小企业管理局的统计，新公司创造的新产品数比老企业多250%。而美国国家经济基金会的一项研究认为，新公司1美元研究与开发费用所获得的创新产品大约是老公司的4倍。而且，新公司可以在较短时间内使创新产品进入市场，平均大约是2.2年，而老公司却要花3.1年。因为创业企业只有凭借"人无我有"的产品优势才容易在强手如林的市场上占有一席之地，更何况每一项新产品的研制本身就是一种创业活动。一代又一代的创业者不断向社会推出他们的劳动成果，繁荣了经济，活跃了市场，使人类社会的生活变得丰富多彩，五光十色。

3. 税收利润增加，推动了社会发展

社会的发展离不开国家财政的支持。国家财政的来源主要是税收。税收的增长是社会发展的主要依据。创业企业是国家的新的税源所在，每出现一个新的企业，就会多一个征税对象，创业企业在创造经济效益的同时也增加了国家的税收，支持了社会经济的发展。创业企业向国家缴纳的税额是国民经济增长的重要组成部分，创业企业越多、创造的产值越高，国家经济增长的速度就越快。美国管理学大师彼得·德鲁克的研究表明，美国经济的推动力越来越多地来自创业和创新型企业。未来学家约翰·奈斯比特也认为，创业是美国经济持续繁荣的基础。可见，创业是推动社会经济发展的一支重要力量。

4. 增加就业机会，促进了社会稳定

人民能够安居乐业，社会才能长治久安，所以每个国家都把解决社会就业问题当作一项头等大事来抓。在提供就业机会方面，创业企业的贡献无疑是重大的。因为老企业基本趋于稳定，主要着力于内涵发展，有的需要精简机构，给企业"消肿"；有的需要裁汰冗员，减员增效；有的虽然追求外延发展，扩大规模，但往往采取企业并购、资产重组等方式，仍要造成大量失业人员，根本无法提供新的就业机会，而新办企业则不存在这样的问题。如美国统计局资料显示，1977—1980年4年间仅列入《财富》杂志500强企业就削减了300万个职位，但从1970—1980年10年间，新办企业在美国则提供了大约2 000万个新的工作岗位。彼得·德鲁克认为，创业型就业是美国经济发展的主要动力之一，是美国就业政策成功的核心，鼓励创业是带动就业增长的主要措施。他分析了1965—1984年美国的就业结构，发现就业机会几乎都是创业型和创新型企业创造的。据我国一项资料统计，2001年全国各类私营企业（主要是新创企业）的从业人员达到2 713.86万人，其中包括安置每年国有企业下岗职工58.61万人。由此可见，创业已成为国家劳动者就业的一个重要渠道。

（二）创业发展的必要条件

创业活动的产生是必然的，但这并不意味创业活动可以任意产生。人人都有创业的要求，但并不是谁都能成为创业者。创业的产生是有条件的，缺乏一定的社会条件，创业活动不可能产生，即使产生了也不可能得到发展。不是所有的社会都能为创业的产生和发展提供条件，能为创业提供条件的只能是政治民主、经济发达、文化先进的社会。创业的产生与发展必须具备以下几个条件。

1. 提倡个性发展

创业是一种开拓性的活动，创业者面对的是一个未知的世界，他的行为就不可能是循规蹈矩的，有时甚至是违反常规的。创业者不但自己要思想解放，打破精神锁链，勇于破旧立新，还需要社会上的人们对于自己的革新行动给予精神上的支持。如果人们思想保守，观念陈旧，把创业活动看作是不法或不轨行为，动辄斥以"投机倒把""重利轻义"或"为富不仁",就会挫伤创业者的积极性,创业活动就很难得到正常发展。由此可见,创业的发展还有赖于社会观念上的解放与创新等思想条件。

封建社会是一个全封闭式的社会,它所推崇的"大统一"思想忽视个人利益,压抑个性发展,扼杀了人们的创造力、想象力,使人们在现实面前墨守成规,不敢越雷池一步。所以,它无法为创业的发展提供有力的文化氛围,只能成为创业发展的思想障碍。资本主义社会主张个性自由,提倡标新立异,宣扬个人功利主义和拜金主义,很容易培养人们的自主意识和创新精神。在这种思想条件下,人类的创业活动得到了空前的发展。

当今中国正处在一场伟大的社会变革时期。40多年的改革开放是一场深刻的思想革命,它极大地解放了人们的思想、冲击了各种陈腐的思想观念,从而为各种创业活动提供了最有利的思想条件。如今,人们对自主创业、发家致富的行为已从"冷眼相看"变成"刮目相看""另眼相看"了,创业者也从"新生的资产阶级分子"变为"改革者""企业家"而日益受到人们的尊重和钦佩。在这种条件下,我们有理由认为,创业活动在中国的发展是势所必然。一个无比壮观的中国创业大潮正在出现,它将作为21世纪的一道亮丽风景而为世界所瞩目。

2. 能交换商品

创业说到底是一种以积累财富为目的的社会生产活动。创业者要通过生产商品进行交换,实现价值,完成积累,需要有良好的经济环境,这就是市场经济。在市场经济条件下,创业者可以通过市场获得所需的生产资料,可以通过市场销售自己的商品,还可以通过市场招聘生产和技术人员。离开了市场经济,一切创业活动都不可能得到发展。

在以自然经济为主导的社会里,产品基本上是用来满足生产者或生产单位的需要,很少进入市场交换,所以不能给创业者提供必要的发展条件。在计划经济占统治地位的社会中,由于产品是由国家根据需要按计划统一生产、统一调拨的,也不进入市场流通。所以,创业活动发展的希望几乎是渺茫的。

以分工为基础、以社会化为特征、以自由竞争和等价交换为原则的市场经济是创业活动的温床。在这种经济条件下,社会一切物质的和精神的产品都可以成为自由交换的商品,甚至连劳动力也成了商品。从商品向货币的惊险跳跃中制造的巨大利润激发了人们发财致富的欲望,于是,创业的动机变成了现实的行动,成千上万的人进入了创业者的行列。人类正处于创业史上的"黄金时代"。

在我国,社会主义市场经济的建立为创业的发展提供了广阔的前景和更大的可能性。其一,社会主义市场经济体制是与社会主义基本制度结合在一起的。以公有制经济为主体,多种经济成分长期共同发展,不同经济成分可以实行多种形式的联合经营,这就为自主创业活动提供了成功的保证。其二,建立社会主义市场经济体制的中心环节是转换国有企业特别是大中型企业的经营机制,这又为自主创业者提供了更多更大的创业机遇。其三,社会主义市场经济以社会主义精神文明建设和法制建设来支持,反对垄断,保护和促进公平竞争,这又在很大程度上保证了创业者的合法权益。

3. 自主行使权力

自主行使人权的行为是创业的前提条件,创业者必须具有人身的自由才能开展创业活动。

　　以专制统治为特征的奴隶制和封建制都不能为创业提供发展的可能。奴隶制下，"普天之下，莫非王土，率土之滨，莫非王臣"，奴隶主君主是全国臣民和土地的最高主宰者，而广大民众——奴隶则被当成会说话的牲口，任奴隶主宰割、驱使和转让，连做人的权力都没有，更谈不上自主创业了。在封建社会，封建统治阶级掌握着国家政权，劳动人民毫无民主权力。封建地主对农民实行残酷剥削，还凭借各种封建特权对农民实行非经济的强制，把农民束缚在土地上，成为世代依附于他们的农奴，不得人身自由，这就捆住了创业者的手脚。封建国家实行"重本抑末""抑制工商"的政策，对内设置层层管制，征收重税，对外闭关锁国，禁止海外投资，几乎阻塞了一切创业的道路。

　　资本主义制度的确立为人类的创业活动提供了良好的政治条件。资产阶级在中世纪末期为反对封建主义和人身依附关系而提出的"民主""自由""平等"等口号、资产阶级启蒙思想家提出的"天赋人权""社会契约"等思想被写进了资产阶级宪法，从而使广大民众获得了人身的解放，有了自主创业的权力。另外，资产阶级还建立了以"三权分立"为标志的民主政治，民主政治又是以政治上的选举制和经济上的纳税制为基础的，这两种制度从各方面起到了保护、刺激、鼓励人们创业热情的作用，为创业活动的发展开辟了极其广阔的前景。

　　社会主义是人类历史上最先进的社会制度，它能为创业者提供优越的政治条件。因为在社会主义社会，劳动人民是国家的主人，享有最广泛的民主和最大的自由，人人都有创业的权力。同时，社会主义社会的领导核心——中国共产党是最广大人民根本利益的忠实代表，社会主义制度不但鼓励、保护人们的创业热情，还能对人们的创业活动起引导作用，保证人们的创业活动朝着健康的方向发展。这一点，是任何社会都无法比拟的。

第二节　创业者

　　目前全世界正处于一个需要创业者的时代，每个人都有资格成为创业者。每个创业者如同一口深深的井，能为千万人提供甘泉。只要你拒绝平庸，敢于创办自己的事业，也许明天你就会获得财富、荣誉和地位，创业者是经济发展的引擎，是和平年代的新英雄。

　　创业者是一种主导劳动方式的领导人，是一种需要具有使命、荣誉、责任能力的人，是一种组织、运用服务、技术、器物作业的人，是一种具有思考、推理、判断的人，是一种能使人追随并在追随的过程中获得利益的人，是一种具有完全权利能力和行为能力的人。

一、创业者概述

（一）创业者的概念

　　欧美学术界和企业界将创业者定义为组织、管理一个生意或企业并承担其风险的人。

创业者的英文单词是"entrepreneur"，其有两个基本含义：一是指创始人，通常理解为即将创办新企业或者是刚刚创办新企业的领导人；二是指企业家，即在现有企业中负责经营和决策的领导人。

创业者"entrepreneur"一词来自17世纪的法语词汇"entreprendre"，表示某个新企业的风险承担者。早期的创业者也指承担风险的承包商"contractor"，大都是雇佣兵、企业家、建筑商和商人。早期文献对"entrepreneur"的解释是税收承包商"tax contractor"，也就是当时那些为了取得在当地收税许可，付给政府一定费用的人。税收从业者（tax entrepreneur）承担向个人征税所带来的风险，如果税收从业者能征收超过许可证费用的税金，他们就会获利，反之则会亏损。西方社会中，通常把创业者同职业经理作为对比概念加以区分。创业者指一种开办或经营自己企业的人，他们既是员工又是雇主，对经营企业的成功与失败负责。职业经理通常不是他们所管理公司的所有者，而是被雇用来管理公司日常运作的人。管理咨询专家林正大认为职业经理人与创业者的区别在于：一是创业者自己给自己付薪水，职业经理人是别人给薪水；二是创业者搞垮了就要收摊，职业经理人搞垮这一摊还可以去搞其他的摊；三是创业者不怕别人炒鱿鱼，职业经理人要防范别人要你下岗；四是创业者花自己的钱，职业经理人花公司的钱；五是创业者对企业情感深厚，有时难免过于主观与执着，职业经理人与所有权分离，可以较为冷静与客观地看事情（不是绝对的）。

虽然企业家与创业者是同一个英语单词，但是在现实中，创业者与企业家含义不可能完全相同。许多优秀的创业者成不了企业家，更谈不上是优秀的企业家；同样，有许多人是企业家但缺少创新精神，他们不是优秀的企业家，更谈不上说是创业者。

管理学大师彼得·德鲁克指出："并非所有新开的小型企业都是创业型企业或具有创业精神，但创业者首先需要具有创新精神。""一对夫妻开办一家熟食店或在郊区开办一家墨西哥餐馆也是要承担风险的，他们算不算创业者呢？事实上，他们所做的不过是步同行们的后尘，因为他们只是相信此地就餐人数会增加，因此既没有创造出新的令人满意的服务，又没有创造出新的顾客需求。按照创造新的满意和新的需求的标准，他们虽然开办了一个新企业，但是称不上创业者。"他认为创业者必须创造出新的、与众不同的事情，并能够创造价值。

迄今为止，人们还没有给创业者一个统一的公认的定义，事实上也不可能有统一的定义。

国内外学者将创业者的定义分为狭义和广义两种。狭义的创业者是指参与创业活动的核心人员。该定义避免采用领导者或组织者的概念，因为在当今的创业活动中，技术的含量越来越大，很多创业离开了核心的技术专家便无法进行，核心的技术专家理应成为创业者。事实上，很多创业活动最早都是由拥有某项特定成果的技术专家发起的。广义的创业者是指参与创业活动的全部人员。在创业过程中，狭义的创业者将比广义的创业者承担更多的风险，也会获得更多的收益。

（二）创业者的特征

虽然创业者创业的领域多种多样，创业的表现也大不相同，但通过对成功创业者群体的研究，可以发现创业者身上仍然具有许多共同之处。

1. 行为特征

创业者在行为方式上主要有勤学好问、执着、灵活应变、吃苦耐劳、脚踏实地、雷厉风行、责任感等特点。

（1）执着。执着是指对自己的创业目标和信念坚持不懈，永不放弃。因为在创业的领域没有捷径可走，只有专心致志、锲而不舍，才能克服在通往成功道路上的危机和障碍。著名的发明家爱迪生指出，成功等于99%的努力和1%的灵感之和。他认为，连续的失败是不断尝试错误的探索性实验，是成功的创新的过程之一。

（2）勤学好问。创业者们不满足于现状，经常意识到他们能将事情做得更好，渴望并从不放弃学习和改进的机会。现代社会需要学习型的企业，创业团队在创业初期更需要学习行业内的领先企业、标杆企业。创业团队成员也需要学习精神。学习是保持先进性的重要手段，学习为企业的发展提供了源源不断的智力源泉。只有不断地学习，才不会落后于社会。

（3）吃苦耐劳。创业的成功需要坚忍不拔、顽强的毅力、吃苦耐劳的执着精神、甘于奉献的献身精神。只有具备吃苦的精神，创业者才能挺过创业的艰辛，有机会取得创业的成功，否则就会半途而废。

（4）灵活应变。灵活应变指的是创业者对创业方法和路径的选择要一切从实际出发，根据环境的变化对创业活动做出相应的调整。

（5）良好的商业道德。诚信、诚实、诚恳是一个企业生存和发展的根基。没有良好的品德，时刻只为自己的个人利益的人肯定不会创立起企业，即使能够建起企业，最终也难免昙花一现，生命力不会长久。只有企业对顾客、对社会、对员工诚信，顾客、社会和员工才会为企业的发展锦上添花，企业的发展才有土壤。诚信、诚实、诚恳是创业团队的道德要求。

（6）脚踏实地、雷厉风行。创业者虽然有好的创业念头，但只有通过实际的行动才能变成现实。巴顿将军（George S. Patton）曾经说："一个好的计划现在就去执行，要比下周执行一个完美的计划好得多。"如果只有好的创业点子却没有行动，一切就是空中楼阁。

1949年的一天，井深大到日本广播公司办事，偶然看到一台美国制造的磁带录音机，当时这东西在日本还不普遍，但井深大和盛田昭夫马上意识到这种产品的巨大的潜在市场，就立即买下了产品专利。对他们来说，录音机的电子技术并不复杂，但磁带需要自己制造。经过他们的勤奋努力，仅仅用了一年的时间他们就推出了自己的新产品。然而起初的市场销售状况不好，但井深大和盛田昭夫在困难面前继续改进产品，并积极推销。他们走遍了日本的各所中小学，耐心向老师讲解录音机的使用方法和好处，最后功夫不负有心人，录音机成了人们生活中的重要的一部分，井深大和盛田昭夫也获得了创业的成功。正是脚踏实地、雷厉风行的作风使他们获得了创业的成功。

（7）责任感。责任就是坚定不移的信念。负责任是一种态度，态度决定一切。责任感使创业者们认识到其他人带给企业的价值，意识到自己对其他人的责任并提供给其他人做好工作所需要的支持，责任感也能使他们正确地行使权力和对待金钱。虽然权力和金钱是创业的动机之一，但创业者们负责任地运用权力并不是只为金钱所激励。他们主要从事业成功中体验快乐，而不把追逐权力和财富作为目的；他们主要受成就动机驱使，同时又实现物质财富方面的富裕。负责主要体现在向社会、向顾客提供满意的产品或者优质的服务，重视环境保护，重视员工的成长和发展。随着社会的进步和人类文明的发展，企业的社会价值成为企业发展的高级目标，社会责任也成为企业应具备的道德标准之一。重视环境保护，重视企业的发展和员工的职业生涯的共同发展成为企业发展的重要目标之一。优秀的创业者应该具有很强的社会责任感，在创业的同时能回报社会。

2. 心理特征

成功的创业者一般具备6种心理特质：创业精神、成就需要、控制欲、自信心、开放的心态、勇于承担风险。他们有明确的目标，全身心地投入到事业发展中。

（1）创业精神。没有创业精神的创业不会成功，也不能称之为创业。创业精神是创业团队集体的精神状态和对事业所持的态度。组织不论规模大小、归属哪个经济部门，其团队的创业精神始终与某些普遍适用的行为特性相关联。创业精神主要表现为：耐心和牺牲精神、开拓精神和敬业精神、气度和包容精神、创新精神等。

（2）成就需要。创业者希望承担决策的个人责任，就是在解决问题、确立目标和通过个人的能力达到这些目标时个人负有责任；喜欢具有一定风险的决策；对决策结果感兴趣，不喜欢单调的重复性工作。创业者希望把事情做好，且做好主要不是为了获得社会承认或声望，而是为了达到个人内在自我实现的感觉的满足。

（3）控制欲。控制欲是指人们相信他们自己能够控制自己人生的程度，和控制欲相关的是创业者的个人独立性。研究表明，创业者相信通过自己而不是他人来决定自己的命运，他们经常有很高的控制欲，对生活中的事件过程有一定的影响，总是希望把命运掌握在自己手中。创业者往往喜欢独立思考和行动，渴望独立自主。

（4）开放的心态。创业者要能认识到自己的局限性和改进的必要性，意志坚定但不拒绝改变。意识不僵化，必要时勇于变革和敢于承担责任。现代社会中的新事物层出不穷，开放的心态可以使我们有更多的机会发现机遇，产生创业的冲动。

（5）自信心。创业者不仅相信自己，而且相信他们正在追求的事业，不仅能在失败之后振作起来，而且还能从失败中吸取教训，以增加下一次成功的机会。他们坚信自己的创业团队有能力在激烈的竞争中获得胜利，能够以坚韧不拔的毅力和满腔的热情去争取成功。因为新创企业在发展过程中肯定会出现各种危机和困难，越是危急关头，就越需要他们付出更大的热情和勇气，自我勉励，坚持下去闯过难关。创业者能以积极的心态充满活力地不断创新。成功的创业者普遍都有很强的自信心，有时会表现出咄咄逼人的气势。他们相信自己的判断，相信自己的决定。自信对创业者非常重要，因为他们走的是其他人不敢走或者没有走过的路，只有自信才能顶住压力，坚持自己的目标，最终取得创业的成功。

曾经有记者问搜狐的创始人张朝阳："你在IT产业的成功，让中国的年轻人看到了实现从一无所有到拥有巨大财富的梦想的活生生的典范。当年，你能说服美国风险投资家把美金押在你这样一个名不见经传的'小卒'身上，你认为是你身上什么样的东西打动了他们？"张朝阳回答说："自信，对自己的成功有坚定的信念，使他们对我和我的商业计划产生了信任。"自信让张朝阳获得了美国风险投资家的资金支持，也是他以后创业一步一步走向成功的基石。

（6）敢于承担风险。创业者希望在同行业中脱颖而出，但很多工作是自己以前没有经历过或者没有完全经历过的，创业征途中充满了各种风险。创业者要有冒险精神，要能承受风险和失败。"铤而走险"，只有敢于承担风险，创业者才能大胆创新，实现自己的创业梦想。创业需要冒险，但冒险有别于冒进。无知的冒进只会使事情变得更糟糕，而且会浪费时间和财力。

3. 能力特征

创业者要成功创业，需要多种能力，主要有企业经营能力、综合管理能力及处理人际关系的能力等。

（1）处理人际关系的能力。创业中的企业需要来自组织内外诸如员工、股东、顾客、政府、供应商和投资者等方面的支持，有些服务性的行业还需要所在社区的支持。为此，创业者需要在与这些利益相关者打交道中具备处理各种人际关系的能力。人际关系能力包括激励能力、沟通能力及谈判能力等。激励能力是指唤起人们的热情，使他们全身心地投入其正在进行的工作的能力；沟通能力指运用口头和书面等语言表达思想和传递信息的能力，在当今信息社会，随着电子商务的推广和信息技术的普及，网络成为沟通的重要形式；谈判能力指能够权衡利弊、随机应变，能够确认双赢方案和对方达成协议的能力。

（2）综合管理能力。综合管理能力主要包括战略管理能力、营销管理能力和财务管理能力等。战略管理能力指整体地考虑企业经营与环境，理解如何适应市场、如何创建竞争优势的能力。创业者需要根据企业的优势、劣势并结合外部环境的机会、挑战正确地制定企业发展的战略目标。只有确定了正确的战略目标，企业才能走得更远。营销管理能力是指洞察企业提供的产品和服务及其特性，理解它们如何满足顾客的需要和如何使顾客认识其吸引力的能力。创业者需要根据行业发展状况、竞争对手的缺陷细分市场，找到自己的产品、服务的顾客目标群，同时也可以为自己的产品创造市场。财务管理能力是指管理企业资金，能够保持对支出的跟踪和监控现金流，以及根据其潜力和风险评价投资的能力。投资创业必须会理财，"有钱无计划，花钱如流水"不是创业者的品格。创业者必须要有基本的财务知识，懂得如何融资理财，具备资金的时间价值观和机会成本意识。很多创业者有风险意识，但是无资金的时间价值观和机会成本意识，不知道今天的一元钱比明天的一元钱更值钱。

（3）企业经营能力。经营能力是创业成功的关键，要做创业者首先要做一个出色的经营者。经营者还要有浓厚的经营兴趣，对经营有兴趣不仅是做经营者的先决条件，而且是经营中始终应该具备的素质。兴趣激发工作热忱，而热忱几乎等于成功的一半。创业者有了经营兴趣，即使再累再苦都能轻松应对。经营活动是将创业计划变成现实的手段，创业成功在于把创新思路及计划付诸实践，最后转化为现实，因此实施能力是创业者实现创业梦想的手段。

对成功创业者的素质要求是多方面的，单个的创业者难以完全具备，每个创业团队成员也不可能都具备。这表明了组成创业团队的必要性和重要性，也表明在选择创业团队成员时要考虑其是否具备这些素质，特别是团队成员之间应具有互补性。

4. 知识特征

创业是创业者想在某一行业中脱颖而出，如果没有厚实的知识基础，盲目创业等于建造空中楼阁，所以创业者应该具备相应的基础知识和专业知识。

（1）坚实的基础知识。知识素质关系到创业者分析问题、判断问题、解决问题的能力和将来企业的发展前途。知识贫乏的创业者必然心胸狭窄，目光短浅。如果创业者没有渊博的知识，就不能适应时代新潮流的长期需要；不用新知识、新观念武装自己，就不可能成为真正成功的创业者。创业者应该通晓的基础知识主要有政治学、组织学、行为科学、经济学、计算机应用、逻辑学、法学、会计学、统计学以及心理学等。这些基本知识为创业者正确分析企业内外的环境和自己的优势、劣势，预测行业的发展趋势奠定了基础，是创业活动开展的必备智力条件。

（2）广博的专业知识。具备人力资源管理、市场营销管理、财务管理、战略管理、生产管理、物资管理、技术设备管理、质量管理、经济核算、系统工程、领导科学及决策论等专业知识是创业者取得创业成功、把企业做强做大的基础条件。如果缺乏战略管理知识，创业者在企业发展到一定规模后往往不能正确处理企业的短期目标和长期目标关系、核心竞争力和多元化关系，盲目进行多元化扩张，进入很多自己陌生的行业，而自身资金、人力资源等方面又缺乏支撑，因此使企业迷失了发展的方向。例如，掌握了人力资源管理方面知识，创业者就知道如何有效激励员工、管理员工，帮助他们成长，并给予他们足够的舞台空间，让他们真正能有"当家做主"的责任感，使之产生与企业同命运、共呼吸的使命感，从而真正塑造出忠诚于企业的人才，让员工在实现企业的发展同时实现自我的成长和发展。

现金是企业正常运转的基础，具备了财务管理知识，创业者就能正确地了解企业的现金流状况及主要的现金流来源，了解企业的盈利能力、负债情况、还债能力和融资能力，在创业过程中就能有意识地、合理地贷款融资，发挥资金的财务杠杆作用，降低经营风险，同时管理好企业的资本运作。市场营销管理知识能使创业者正确分析产品的行业特征，细分市场，对产品正确定位，找到产品的目标市场，利用产品的生命周期不断推陈出新，为企业创造现金流。总之，专业知识能够为创业者维持企业的正常运转、赚取利润、获得长远发展提供保障。

5. 知识的更新与完善

一个创业者不可能具备上面提到的所有知识，这就需要创业者通过组建优势互补的创业团队来实现。另外，创业者可以通过学习来弥补自己缺乏的知识。学习知识的主要途径有：①参加学习班。目前社会上有很多种学习班，创业者可以通过参加学习班迅速弥补知识上的缺陷，特别是参加高水平的培训班。②大量阅读。书籍是先行者智慧的结晶，人们通过大量阅读可以迅速地扩大自己的知识面，减少摸索的时间。创业者可以根据自己工作中发现缺乏的知识来选择阅读的素材。③实践。实践出真知，通过实践可以增强自己对事物的感性认识，并在实践中检验理论，提高自己的实际操作能力。在实践中，最好将自己的体会与他人交流，因为这样既可以加深印象，同时不足之处又可以得到他人的指教。④与成功创业人士交流，比如参加各种形式的俱乐部，从他们那里学到经验教训，以便自己少走弯路。这些成功人士大都在某些方面比较优秀，创业者可以从他们身上学到很多有益的东西，他们的成功事例能不断地激励创业者前进。另一方面，他们的某些失误又可以为创业者提供反面教材，使创业者在以后的创业中可以避免犯同样的错误。

心理专家和管理专家认为，只要具有以下10项个性特征中的3项，你就适合创业当老板，甚至可以说离成功只有一步之遥。

- 思路清晰
- 自信心十足
- 喜欢交际
- 敢于冒险
- 有主见
- 工作狂
- 永不满足
- 永不言败
- 管理欲极强
- 极富感召力

（三）创业者的分类

创业者涉及各行各业，表现也千差万别。按照不同的标准有不同的分类。根据创业主体来划分，创业者可以分为以下5种类型。

1. 智慧型创业者

主要靠自己的聪明才智创业成功。这类创业者一般都有较高的智商，能够从不同的角度看待问题，提出同常人不一样的思路和方法。成功不在于有无资本，而在于有无机会。传奇人物李·艾柯卡发明了"花56美元买56型福特车"的办法：谁购买一辆1956年型的福特汽车，只要先付20%的货款，其余部分每月付56美元，3年付清，这样一般消费者都负担得起。海尔集团按照"只有淡季的思想，没有淡季的市场"的理念开发出了"小小神童"洗衣机，适应了夏季洗衣的特点，另外还开发出了既可洗衣又可洗地瓜的洗衣机，在农村也十分畅销。

2. 勤奋型创业者

主要依靠自己的勤奋努力而获得成功。王永庆的成功秘诀就是工作勤奋。王永庆最早是开米店的，他的米店在社区中有口皆碑，因为他可以做到对社区居民了如指掌。当某一户居民即将吃完家中的米时王永庆就会送米上门，而且当时并不收钱，到了居民发薪日王永庆才登门拜访。这样细致的工作成就了台湾"经营之神"。比尔·盖茨的时间观念更是到了过分的程度。通常他总是在办公室或者快餐店吃饭，很少在家中吃饭，因为不想花费时间准备食物，从而更快更有效地做成某件事。"笨鸟先飞""勤能补拙""一勤天下无难事""失败是成功之母"等商谚是对他们创业成功的真实反映。

3. 关系型创业者

主要是借用人际关系的力量取得成功。人际关系的构成范围与和谐的程度是关系型创业者成功的关键条件。"朋友多了路好走""一个篱笆三个桩,一个好汉三个帮"的说法就体现了这一点。关系型创业者在人情色彩浓厚的社会中比较多见。田中角荣之所以能竞争到日本首相的职位,就是靠自己在佐藤内阁时广泛建立的人际关系。明朝名臣张居正从政就是靠关系起家的,靠借助他人的权势达到自己的目的。张居正最初进入中枢内阁靠的是他曾是明穆宗的老师。在内阁中,他委屈顺从、左右逢源。万历初年,他又靠太后等关系独揽大权,开始推行新政,使自己成为明朝非常有建树的内阁首辅。

4. 冒险型创业者

主要依靠自己的胆略和抵御风险能力而取得成功,在政治、军事、经济领域较为常见。成功的创业者往往需要冒一定的风险,从经济学角度看,风险越大,其回报的边际效应也就越高。但需要特别强调的是,成功的冒险不等于不顾一切地孤注一掷。那种不管可行性大小的盲目冒险者不可能成为成功者,即使偶然成功也很快会在新的冒险中失败。

三国时期吴蜀联合与曹魏在赤壁展开大战,周瑜、诸葛亮经过精心策划、周密布置,运用反间计、苦肉计等计谋,最终成功战胜力量强大的曹操。这期间充满了冒险,但这是成功的冒险。

5. 机会型创业者

主要是依靠自己对机遇的把握而取得成功,在各行各业都有一定数量。《管子》曰:"不务天时,则财不生;不务地利,则仓廪不盈。"而机遇大多数是默无声息的,要想识别和抓住机遇必须要有识别机遇的慧眼。创业者要想成功,必须在机遇来临时果断出击。

在政界默默无闻的吉米·卡特之所以能竞选上美国总统,机遇起了极大的作用。当时,恰逢"水门事件",尼克松政府信誉一落千丈,朴实、诚恳成了卡特竞选的最大优势。卡特竞选班子为他设计了"华盛顿以外的人"的形象,结果一举成功。

尤伯罗斯之所以能使1984年洛杉矶奥运会成为第一届赚钱的奥运会,就在他成功地利用了美国社会高度商业化的特点,抓住了许多企业想靠奥运会宣传产品的心理,一方面高价出售电视播放权,一方面加播广告,连火炬传递权都分段出售。洛杉矶奥运会最后赢得2.5亿美元的巨额利润,尤伯罗斯因此也获得了国际奥委会专门颁发的金牌。

根据创业对象的标准划分,创业者可以分为以下5种类型。

1. 管理型创业者

管理型创业者是综合能力较强的创业者。他们有高度的事业心和责任感,具有理智冷静的判断力和临危不惧的品格,具有高瞻远瞩的战略眼光,能够审时度势,善于抓住机会,具有非凡的个人魅力和领袖风格,有鼓动性,既大胆有魄力又谨慎有节制。管理型创业者也许并不十分精通专业知识,但却可以有效动用各种管理手段带领企业前进,以其敏锐的市场嗅觉为企业捕捉各种机会。管理型创业者出现在市场经济条件较成熟和完善、企业规模较大、组织较规范的环境下。

福特是20世纪初提倡流水线分工论的权威,他将一辆汽车的生产过程分成8 772个工序,通过高度的分工和专业化流水线生产把整个汽车工业推进了一大步。一百多年前的美国"钢铁大王"卡内基最初投身钢铁企业时对钢铁生产和经营知之甚少,但是他网罗天下英才，组成了一个近50人的智囊团，找来一堆能人当公司高管甚至是董事长，并充分发挥他们的积极性，使人尽其才。正是众人的力量才创造了卡内基钢铁公司这个世界钢铁王国曾经的"巨无霸"。

2. 生产型创业者

主要指创办生产商品企业的创业者。这类创业者在第一、第二产业比较多见。深圳太太药业有限公司董事长朱保国用短短5年时间，使太太药业从一个地区型的新产品生产企业发展到全国品牌的民营企业，其中有一个决策至为关键，即太太药业的工作中心始终放在核心业务上。朱保国如是说："中国的很多企业盲目扩展固定资产，其实固定资产越少越好，你把钱全投到固定资产上，再想变现就很难了，你的应变能力就会变得很差。很多人劝我们投药店，我不投，药店与制药厂完全是两个概念，我不懂药店，我们只做我们的核心业务——药业。"

3. 市场型创业者

市场经济是按照客观经济规律优化组合生产要素、进行资源配置的一种形式，因此创业者必须树立市场观念。创业者不一定是技术专家，但必须要懂得市场，"两眼盯在市场上，功夫下在管理上"，否则企业内部管理得再好、技术创新搞得再多，也逃脱不了被动挨打的局面。

吉列公司就是凭着变换花样地推出独一无二的系列产品保证了卓越的声誉。1973年吉列公司在市场调查中发现美国8 360万30岁以上妇女中约有6 490万人为了自身形象，要定期用男用刮胡刀和脱毛剂刮除腿毛和腋毛，这是一个极富诱惑力的潜在市场。公司于1974年推出面向女性的雏菊牌专用刮毛刀。同行都以为吉列公司疯了！但是吉列公司一炮打响，产品畅销全美国。吉列公司革新了历史：1971年推出第一个双刀片剃须刀，1977年推出第一个旋转头剃须刀，1990年推出第一个装有双独立刀片的剃须刀。今天，吉列公司55%的营业额是由那些推出不到5年的产品实现的。

铱星公司曾耗资50亿美元用12年的时间研究开发出了由66颗低轨道地球卫星组成的移动通信网络。这种技术是绝对先进的，但是却因为没有足够的用户、脱离市场而使企业背上了沉重的债务，后来宣告破产。可见，企业成败是由市场说了算。市场型创业者经由对市场趋势的敏锐嗅觉证明了：只有按照经济活动规律进行经营，才可能获得可持续的成功。

4. 金融型创业者

该类创业者是伴随着技术创新与技术进步而产生的，集中体现为拥有极强的风险投资意识。金融型创业者即风险投资家，其与银行家不同，银行家在向企业贷款后，便坐等企业偿还本金和利息，而风险投资人则既是投资者又是经营者。风险投资家不仅参与企业的长期或短期的发展规划、企业生产目标的制定、企业营销方案的建立，还参与企业的资本运营过程，甚至参与企业重要人员的雇用、解聘。

赵炳贤1991年筹划成立了中证万融投资集团。29年来，中证万融帮助了许多家企业在主板市场上市，其投资银行和证券投资业务在业界享有良好的声誉。在29年来积累的资本、信誉、经验和人力资源的支持下，公司的创业投资业务发展迅速，随着2001年年底该公司投资和策划的同仁堂科技在香港创业板成功上市，中证万融开始为世人瞩目。

不过目前中国的风险投资还处于起步阶段，这类型的创业者并不像其他类型那样为大众所知。

5. 科技型创业者

该类创业者很多都与高校或科研机构相关联，以高科技为依托创办企业。北大方正就诞生在北京大学校园里，它的领导人和员工大部分都来自北京大学。联想集团最初是由中国科学院计算机所几位中年科学家集资组建的。目前，科技型创业者大多集中在高新技术开发领域。

该类创业者必须依靠具有足够科技含量的产品来打开市场，而且这种高科技企业必须始终保持其在技术方面的领先，稍一疏忽企业就可能落后。科技型创业者的成功会吸引更多的高科技人才为企业效力。

爱迪生是伟大的发明家，但他的最大成就是使一项发明在技术上与商业上同行。以电灯为例，光在实验室内使一盏灯发亮只能说是科学上的伟大发明。除非使电灯能低成本地大量生产，否则，电灯就可能只是实验室里的样品。而爱迪生的最大贡献就是他为电灯的商业化应用建构了整个配套系统，包括发展生产能力、提升产品可靠度、设置发电厂、发展电力联网系统等，因此他是一位真正的创新与科技型创业者。

二、创业者的社会地位

（一）财富的创造者

追求利润是创业者创业的主要目的。金钱是衡量创业成败的有效尺度，但赚钱不是创业经商的唯一目的，创业更重要的是体现创业者的自身价值和社会价值。财富具有双重属性：个人属性与社会属性。个人有权支配它，但是当把财富用于投资企业时，它将为社会创造更多的财富。一个人、一个企业不能孤立存在，其价值就体现在国家、企业与个人的利益取舍上，创业最主要的使命就是为他人和社会创造价值、创造财富。彼得·德鲁克说过，创业者来到世上并非仅仅为了追求他自己和公司的狭隘利益，他的使命是追求社会利益。创业者不仅是生产要素的组织者、商品和服务的供给者，更是社会财富的创造者。

李嘉诚的儿子曾问他："爸爸，我们赚这么多钱到底有什么意义？"李嘉诚的回答很简单："赚钱多可以爱国，可以回报社会。"李嘉诚花在慈善事业上的金钱和时间都不少，如今他把平均20%的时间都用在慈善活动中，并表示将来要为慈善事业投入更多的精力与资金。李嘉诚已经捐了5亿美元用于在中国香港、中国内地、美国和英国修建各类学校、医院以及开展医疗研究活动。不久前，他又捐出2亿港元用于支持发展残疾人事业。

不论在发达国家还是在发展中国家，中小企业在社会经济中均占有突出地位。20世纪50年代，美国每年大约产生93 000个新企业，到80年代每周大约产生12 000个新企业。据美国小企业管理局统计，新企业创造的新产品数量比大企业多250%，创业经济是新经济的增长点，创业者是"美国的新英雄"。美国硅谷的创业活动、我国台湾地区的新竹科学工业园区与北京中关村科技园等的创业实践表明，创业可以提供广泛的就业机会，创造相当部分的国民财富，实现社会贡献的最大化。创业者是经济发展的引擎者。

多数成功的创业者创业之初的确是想多赚钱，但是随着企业的不断发展，个人的追求也会逐渐升华。创立新希望集团的刘永好对钱财有非常理性的认识："赚到1 000万元之前是为自己；在赚到1 000万元以后，赚钱就是为社会。其实一个人花不了多少钱，就算要把钱传给儿女，可中国的老祖宗说过，富不过三代。留给后人的钱多了，他们会不思进取，财富也不会持久。这是社会的财富，不过由我支配而已。任何人都没有权利浪费。"

（二）命运的主宰者

柳传志创立联想集团之前，在中国科学院计算技术研究所做了13年磁记录电路研究，有精力不知道干什么好，想做什么都比较受限制，这使得他想跳出来自己创业。当机遇到来时，他很快就建立了联想王国，并把他的创造能力和管理能力发挥得淋漓尽致，使联想成为民族计算机行业的象征。加拿大亚加国际集团董事长王辉耀认为创业是掌握自己命运的一种好方式，它使人从不自由到自由，过去打工可能要受制于老板或董事会，而且还有一定的合同雇佣关系，创业后则是将自己直接出卖给市场。创业后自己有了想象力和创造力的空间，可以做很多自己愿意做的事，上班也变成一种乐趣，总之创业带来的是一种完全不同的境界。

在今日的经济环境下，打工没有绝对的安全性可言。这如同大海航行，坐在别人船上，表面上似乎有安全感，但实际上是把自己的命运放在别人手中，船要是沉了，自己就只能跟着大伙倒霉。而驾驶着自己打造的船情形就不一样了，船一旦有故障，自己会想方设法查漏补缺，主动做好各种应对准备。每个人都希望主宰自己的命运，从这个意义上说，创业是最好的生存之道。一项针对小企业业主的调查显示，有38%的人说他们离开原企业的主要原因是想自己做老板，自己决断、自己担风险、自己获利。创业的最大好处就是可以让有能力者自己摆脱受制于人的被动局面，拥有海阔天空的选择自由，即选择自己所热爱的行业、选择如何工作和何时需要工作的自由。绝大多数创业者之所以选择艰苦的创业之路，其根本原因就在于他们志向远大、不愿意受他人的支配和制约，不愿按部就班地工作。创业能把兴趣和生计结合在一起，因此他们宁愿冒着丢掉"金饭碗"的风险也要独立创业，建立起自己的事业，按照自己的想法决策，做自己喜欢做的事，实现自己的人生价值。

（三）发展的变革者

经济发展史告诉我们，历史发展的变革时代往往是创业者辈出的时代，创业者是变革时代的经济英雄，是世界经济叱咤风云的一代天骄。

计算机技术已经深刻地改变了人类社会，但是在20世纪70年代很多人还不知道电脑为何物。史蒂芬·沃兹尼亚克看到计算机在大学、实验室和公司使用时，就想到每张办公桌和每个家庭都应有计算机，于是与乔布斯联合创立了苹果公司。由于填补了大型计算机公司没有注意到的新消费者需求，苹果公司成了个人和商用电脑领域的领头羊。受苹果公司的启示，比尔·盖茨认识到计算机软件的重要性，创建了世界上第一家微电脑软件公司。微软公司没有高大的厂房、堆积如山的原料和产品库房，只有软盘和软件知识、程序、信息。微软的崛起创造了商业史上的奇迹，宣告了新经济时代的到来。

自诞生之日起，汽车就改变着人们的交通方式。直到1990年，汽车还基本上是有钱人的奢侈品。然而汽车每3年便增加1倍的产量，有钱人这一狭窄市场很难吸收日益增加的汽车了。亨利·福特看到了市场结构的变化，认定汽车将会成为一种大众的交通工具，于是创立公司，立志生产能为平民所接受的"T型"汽车。这种汽车因价格便宜，一经问世便取得巨大成功，福特汽车公司实现了让每一个自食其力的美国人都能拥有福特车的梦想，并把美国人带入了一个工业起飞的辉煌天地。

超级市场和连锁经营是现代流通革命的两大标志。山姆·沃尔顿创业前深入考察了家乡小镇，那些操持家务的妇女精打细算过日子的情景给了他极深的印象。沃尔玛公司通过折扣商店、购物广场、山姆会员店和家具商店等形式在国内外建立连锁商店，用新的经营组织方式改变了传统商业的零售方式。"天天低价"、物美价廉与薄利多销成就了沃尔玛超市，今天的沃尔玛已从一个不起眼的"5美元店"成为世界上最大的商业零售企业。

三、创业者的素养

创业是极具挑战性的社会活动，是对创业者自身智慧、能力、气魄、胆识的全方位考验。一个人要想获得创业的成功，必须具备基本的创业素质。基本的创业素质包括创业意识、创业心理品质、创业精神、竞争意识、创业能力。

（一）观念的更新

观念更新，万两黄金。迈向创业的第一步就是转变观念。成功的创业者决不能因循守旧、墨守成规，而应该以宽广的眼界来观察环境的变化，以应变、善变的精神去创业。

1. 法律意识

人们关于法的各种现象的感知、情绪和意志的总和称为法律意识。从内容上看，它包括人们对法律规范和法律行为的把握、评价和态度；从形式上看，它表现为人们对法律现象的理解和认知。

市场经济是法制经济。市场经济的正常运转需要一整套科学的并能严格执行的法律法规。规范的企业都非常重视法律的重要作用。创业者若能了解一些法律法规，不仅可使自己的企业合乎市场经济规律、合法经营健康发展、减少不必要的权益纠纷、把精力放到企业的生产经营中去，同时可以运用法律手段使企业的各项合法权益得到全面的法律保护。如果创业者缺乏法律意识，那么在激烈的市场竞争中就会被动挨打、无立足之地。刘晓庆从电影演员到亿万富婆的创业之路自然艰辛，但是刘晓庆本人与晓庆文化艺术有限公司涉嫌1 458.3万元高额偷逃税款让人们瞠目结舌，因为法律意识欠缺，刘晓庆本人的事业发展也为此受到了严重影响。

当然，法律法规繁多，创业者没时间也没必要全部了解。但对于经常会碰到的法律法规，创业者不能不懂，以下11部法律是创业者必须有所了解的：民法通则、合同法、担保法、公司法、劳动法、税务法、票据法、证券法、消费者权益保护法、民事诉讼与刑法等。

2. 自主意识

自主意识要求创业者增强自主精神，创业者一方面要增强独立指挥能力和应变能力，充分发挥主观能动作用，创造性地搞好企业各项工作；另一方面又要善于吸收他人意见。古人曰：兼听则明，偏信则暗。善于听取他人意见，正是为自己做出正确的决策打基础。

市场配置资源的模式下，没有谁能给你发"铁饭碗"，人们除自主择业外还要有自主创业的观念。自主创业是指不是通过传统的就业渠道谋取职业发展，而是依靠自己的学识智慧与科技发明开办自己的企业。自主创业不仅有利于缓解国家的就业压力，而且创业者在解决自身就业的同时也为社会创造了新的就业机会，还能在创业过程中寻找机会、发挥才干、发掘潜能、促进自我的完善。

在温州，老百姓常把"下岗"称为"站起"。下岗职工周大虎创办打火机厂，产品远销日、美等多个国家和地区。在温州，下岗没有什么丢脸的，坐等政府和社会来帮助才是耻辱。与其"寄人篱下"等待别人安排、恩赐随时可能打碎的饭碗，不如另起炉灶自己创业，自己打造一个"饭碗"——最理想的饭碗、最铁的饭碗、自己创造的饭碗。创业者必须具备自主意识，把成功的可能性依托在自己身上，无论客观条件如何变化，必须在现有条件下努力工作。

美国最大的广告公司伯勒尔通信集团年收入已超过 6 000 万美元。马斯·伯勒尔讲到最初激发他创业的两个原因时说：一是孩提时代母亲就鼓励他自己创业；二是他是非洲裔美国人的客观事实。在别人的公司，无论自己多么成功，总会有某种障碍阻止他一路前进；即使平步青云，还是得遵守别人制定的规则和工作时间。而在自己的公司中，他会做得更好。

3. 风险意识

创业者是市场经济中风险和不确定性的承担者，冒险与创业在某种意义上是同义语。美国心理动机研究会的一项研究证明，卓有成就的创业者"往往都是嗜好刺激的人，他们具有赌徒的血统，对失败的害怕不能像吓倒其他类型的人那样吓倒创业者"。许多成功者都有一个共同点，喜欢冒险并勇于承担责任，善于发现潜在危机，并尽可能把这种风险减少到最低程度。中国拥有法拉利的第一人李晓华短期积累巨额财富的秘诀之一就是敢于冒险。李晓华创业史上风险最大的一次是在马来西亚的投资，当时通过考察，他得知马来西亚一条高速公路的开发权正在招标，条件很优惠，但没人愿意干，因为这段公路不长，车流量也不大。李晓华无意中得知在离路不远处有一个储量十分可观的油田，只是最后确认还没完成，新闻暂时没公布。如果油田正式开采，丰厚的石油利润将会带来大批投资者，与油田相关联的加工及运输业也将火爆起来，这条公路的前途可想而知。李晓华下决心"干"。他拿出全部积蓄，又以房产抵押从银行贷款，以 3 000 万美元买下了公路开发权。贷款期限是半年，到期无法偿还的风险实在太大。妻子为他担心，说："你要是干，我就跟你离婚！"李晓华也意识到了问题的严重性，因为有可能输个精光。办完抵押后，李晓华每天盼望新闻发布。结果油田新闻发布会一拖再拖，李晓华一度陷入绝望，他承受着常人无法想象的压力。抵押后的第 5 个月零 16 天，油田确认的消息终于发布了！一周之内，李晓华的投标项目价格翻了一番。敢于向困难挑战、敢于面对风险，使他又一次成了大赢家。

澳门赌王何鸿燊的资本原始积累充满着传奇色彩，善于发现别人没有发现的机会，敢于承担风险是他的发家秘诀。在抗日战争期间，日本占领了澳门，并运行全面封锁。何鸿燊组织船队向澳门偷运粮食和日用品，他自己也得到了敢冒风险的回报。有资料称，现在澳门的一半产值与何鸿燊有关。

风险是不可避免的，高风险主要来自3个方面：技术风险、市场风险与管理风险。但在许多情况下，风险中也蕴藏着潜在机会和利润。创业者可通过认识、分析风险，善于发现潜在机会，采取正确的决策，从而控制和驾驭风险，减少风险损失并获得风险收益。

4. 竞争意识

有商品生产和商品交换的地方就必然存在市场竞争，竞争是市场经济的内在属性和固有规律，也是市场经济具有活力的源泉。竞争是企业赖以生存与发展的基础。对于个人来说，竞争促使人们满怀希望、朝气蓬勃，充分调动生理和体力上的潜能，不断取得精神上和心理上的满足。

随着中国市场经济从低级水平向高级水平发展，竞争也从小规模的发散竞争发展到大集团中的竞争，从国内竞争发展到国际竞争，从单纯的产品竞争发展到在理念与价值取向、决策与经营哲学、人才与技术储备、产品与市场拓展、服务与质量保证、公益与社会责任等多层次、全方位的整体实力竞争。创业者如果缺乏竞争意识，无异于放弃自己的生存权利。

美国著名经济学家伯克莱因指出："一旦一个公司不再面对真正的挑战，它就会很少有机会保持活力。"成功的公司往往是那些面对很多竞争对手的公司。因为存在竞争，公司和员工不得不有更高水准的表现，从而明显变得更敏锐和更出色。竞争使创业者变得精明强干，使创业者不断寻求新的答案，使创业者不至于为眼前的成功感到沾沾自喜并自以为无所不能。创业家信奉竞争，但必须是公平的竞争。竞争会带来一些阵痛，但它带给强者更多的还是希望。

(二) 优良的个人素质

创业者应该具备的素质包括：心理素质、身体素质、政治素质、道德素质等多个方面。

1. 心理素质

健康是一种身体上、精神上的完全平衡状态。一个人只是身强力壮、没有器质性疾病，还不是完全的健康。只有体格和心理两方面都健康的人才算得上是真正健康的人。

对于创业者来说，心理健康往往比身体健康更为重要。人的心理素质对于人能否创业有着至关重要的影响。心理上的偏差或失衡会演变为身体器官上的偏差或失衡。比如，凡是过于重视人际关系而不太关心工作任务的企业家会患胃溃疡等疾病；凡是过于重视工作任务而不太关心人际关系的企业家往往会患高血压、心血管等疾病。

创业者每天都会遇到意想不到的问题，要保持良好的心态确实是件困难的事情。但是无论怎么苦难，你也要想办法做到经常保持心情舒畅的情绪，调整自己各方面的身体机能，使之总处于最优的工作状态。良好的心态主要是指坚定自己的信心和保持冷静的头脑。坚定信心会让创业者积极向上、勇于开拓、不屈不挠、坚韧顽强；保持冷静的头脑能让创业者正确把握企业发展的方向，并不断发现与弥补企业的不足。

创业者的健康心理特征是：普遍具有很强的自信心，遇到困难不悲观，遇到麻烦不急躁，沉着冷静、遇事不慌。他们通常很急切地想见到实物的成果，信仰"时间就是金钱"，不喜欢也不会把宝贵的时间浪费在琐碎的无聊事情上。他们脚踏实地，不会为了使自己舒服一点而马虎从事。为了实现个人理想，他们不会计较虚名。他们的生活简单朴实，必要时常常身兼数职。他们情绪稳定，认为胜败乃兵家常事，胜不骄败不馁，经得起市场波动并据此调节自己的人生，坚忍不拔地去突破困境。他们喜欢迎接挑战，敢于并乐于承担风险，并能从克服困难中获得无穷乐趣。

2. 身体素质

身体素质是指人体在运动、劳动和生活中所表现出来的力量、速度、耐力、灵敏及柔韧性机能能力。健康的身体素质表现在两方面：一方面是对繁重而紧张的工作具有较强的承受能力，能精力充沛生机勃勃地从事工作；另一方面表现为反应敏捷，体格强壮，耳聪目明。这种机能能力是以人的中枢神经系统功能为物质基础的。只有人体各部机能健康协调发展，人的神经系统才能处于兴奋状态，表现出反应敏捷、体格强壮等身体素质。

由于责任所系，创业者一方面要组织调整企业内部关系，另一方面要开拓市场，发展对外关系，"两眼一睁，忙到熄灯"描述了他们疲于奔命的创业图景。长期超负荷的工作、严重的体力透支、沉重的精神压力、没有规律的生活节奏……创业工作的性质和特点决定了对创业者身体素质的要求比一般人要严格得多。创业者如果没有强健的体魄，是无法承受创业这种繁重劳动的。

有这样一个故事：一位老板身板结实，做生意赚了不少钱。为了早日实现8位数，他拼着老命没日没夜地赚钱。有人建议他注意锻炼身体，他非但不听，还讥笑晨练的老年人是垂死挣扎。3年后，他得了严重的心脏病、脑血栓，躺在床上再也挣扎不起来。

可见，人类的第一财富是健康，有了健康就有了希望，有了希望就有了一切。创业者创业之初应该有思想准备：身体是创业的本钱，是创造财富、享受成功喜悦与生活乐趣的根本条件。创业者如果不时时注意积蓄自己的体力，无异于把自己成功的资本抛到了大海里。创业时无论工作有多忙，必须保证充分的睡眠与休息、充分的体育锻炼与规律适量的饮食习惯。

3. 政治素质

经济和政治是永远分不开的。有人说政府是世界上最成功的推销员，商人是世界上最有钱的政治家。创业者不能只盯着市场而不问政治，因为把二者结合到一起可能会创造出商业神话。松下幸之助曾说："松下的技术加上中国共产党的思想政治工作，就会无敌于天下。"可见政治工作的威力。世界船王包玉刚1976年曾强调："要想当一个世界著名的经济大亨，就不能远离政治，必须了解时局，在缤纷缭乱的表象中抓住实质性的东西。"在中国，没有纯粹的经济问题，所有经济问题的背后都必然是政治问题，创业者要看准并抓住政策机遇。创业者懂政治，一是可以保证企业的大方向不出问题；二是盯住国际政治的风云可以为企业参与国际竞争做好准备；三是盯住政府的政策，以便用好、用足、用活，为企业的发展服务。

讲政治还表现在能妥善处理国家利益与企业利益之间的关系。国家经济实力的增强要靠众多企业在发展生产、增加盈利的基础上依法纳税。企业利益要服从国家整体利益和长远利益，否则，于国于企都不利。在处理与政府的关系时，企业必须坚持如下原则：

（1）虚心接受国家主管部门的领导。
（2）严格遵守国家的法规、政策。
（3）尽量争取有利于企业的立法和政策。
（4）在提高效益的基础上，为国家多做贡献。
（5）正确处理企业与政府的关系，既不忽视国家利益，又不损害企业利益。

在创业初期，由于资金有限，员工常处于超负荷劳动的状况，创业者往往无法靠物质刺激来激发员工的工作热情，往往需要开展思想政治工作，调动员工的积极性、主动性和创造性，否则，员工随时跳槽不可避免。

迄今共创造了四项"中国第一"的北京百龙绿色科技企业总裁孙寅贵有一次从报纸上看到一则消息：韩国外长将应邀访华。那时中韩尚未建交，但孙寅贵却敏锐觉察到中韩关系将会有新变化，中韩一旦建交，青岛必然会成为韩国人投资的好地方。于是他分别用 200 万元与 500 万元在青岛买下了两块地皮的使用权。结果建交消息一公布，这两块地皮一下子升值到 2 000 万元与 5 000 万元。企业家具备政治素质的必要性可见一斑。

4. 道德素质

只有那些有道德的人才能成为社会上最受欢迎的人。如果一个人连最起码的道德都不具备，那么他就不能取得社会的信任，更不可能被社会所接受。一个人要创业，得先要会做人。不会做人，他的企业就做不大，也不会得到别人的信赖。松下幸之助曾明确指出，一个经营者不一定是万能的，但却至少应该是一位品格高尚的人，因为只有品格高尚的人才能使员工受到感召而毫无保留地奉献。惟其如此，创业才有牢固根基，发展才有持久动力。

曾经有人想整垮强生公司，在其畅销的泰利诺胶囊里投毒。一般公司遇到这种事大多采取掩饰或封锁消息。但强生公司采取了诚实面对的态度，公司负责人在电视中公开道歉，向消费者保证公司将采取一切措施，把可能的伤害减到最小。这样做不但保住了消费者对泰利诺的信心，而且赢得了大众对强生公司的信赖。创业者要想在激烈竞争中获得优势，除了依靠信息、质量、价格和服务优势外，还必须引入竞争道德因子。富兰克林曾说过，信誉也是金钱。当今世界上的优秀企业无一不以诚信经营为本，企业的形象和消费者的信赖都是基于诚信。正如松下幸之助所说："不论我们做什么事，最要紧的是要讲信用。一个人或企业如果能得到大众的信任，而被认为'那个人说出来的话，一定做得到'或'那家公司生产的产品一定没问题'，那么这个人或企业就已经先立于不败之地了。"

藤田男开始创业时只有不到 5 万美元资金，离麦当劳总部的要求相距甚远。为了储蓄创业资金，藤田男在 6 年间每月坚持存下 1/3 的收入，风雨无阻，雷打不动。住友银行总裁亲自调查情况后立即打电话告诉藤田男，说住友银行可以无条件地支持他创建事业。藤田男之所以会得到住友银行的贷款，与其说他的创业计划切实可行，不如说他善于储蓄，守信有恒，自己的优良品德为他赢得了银行信任，赢得了创业机会。

创业者道德素质最主要的三个方面：一是为人公道正派；二是重视诚信和企业信用；三是奉献精神、敬业精神、使命感。诚信是创业者的通行证，诚实守信是企业国际化经营的最基本要求，是立业之道、兴业之本。跨国企业安达信公司因为安然公司做假账而濒临破产，南京冠生园因为生产劣质月饼而导致申请破产，企业失去诚信必将自食其果。

（三）超凡的能力

创业者需要具有卓越的综合能力，这些能力包括以下几个方面。

1. 决策能力

凡事预则立，不预则废。决策是谋划未来行动方案的过程，创业者必须高瞻远瞩，能对事物的发展趋势进行科学的预测，在科学预测的基础上掌握事物发展进程和方向，这是创业者正确决策的重要条件。创业者具备分析判断能力有助于在纷繁复杂的各种事物中透过现象看本质、抓住主要矛盾，运用创造性思维方法进行科学的归纳、概括、判断和分析，举一反三，触类旁通，找出解决问题的关键所在。

"运筹帷幄之中，决胜千里之外"。在千变万化的市场经济条件下，创业者会碰到大量需要及时做出决策的问题。企业的创业者必须具备科学的决策能力。决策成功则百事兴旺，决策失误则会影响到企业与员工的切身利益。创业者的决策能力表现在：决策科学化和民主化，遵循科学决策程序，使用定量决策方法，民主决策或让专家参与决策；在复杂的决策过程中要注意理性地进行市场研究、理智地选择投资机会，充分进行可行性研究及投资项目评估，在多个方案中选优。

在一则寓言故事中，驴的肚子饿得咕咕叫，于是到处寻找东西吃。驴发现左边和右边都有一堆草可以吃。到了左边发现草没有右边草多，于是饿着肚子跑到右边，却又发现草没有左边草的颜色青，想想还是回左边吧。就这样犹豫不决，最后饿死在途中。

创业者要有当机立断的决策魄力。"当断不断，反受其乱"。艾森豪威尔在 1944 年诺曼底登陆战前夜表现出了非凡的当机立断的决策魄力。登陆前夕天气恶劣，一直下着大雨，气象学家也不能完全有把握说 6 月 6 日就能转晴。如果天气不转晴，空降兵将无法着陆，整个计划将会失败，使 50 多万士兵面临牺牲的危险。在众多将领迟疑不决时，艾森豪威尔当机立断，决定 6 月 6 日举行登陆，并赢得了胜利。这场战役对打败德国法西斯起到了决定性的作用。

创业者还要有民主意识和科学意识，积极让群众参与决策，发挥群众的智慧。尊重知识，尊重人才，发挥各类专家在决策中的作用，就可以实现决策的民主化。在科学理论的指导下，运用科学的决策方法和技术，按照科学的程序进行决策，实现决策的科学化，可以从根本上提高决策的正确性。

2. 洞察能力

信息是蕴藏机会的金矿，创业者不仅要收集大量的信息，而且一定要具有敏锐的洞察能力和极强的感知能力，能从丰富的信息中挖掘出对自己发展有用的信息，使信息为自己产生效益。

有人戏称，每个人都有两只眼睛、两只耳朵、一张嘴巴，就是造物主希望人们多看、多听、少说。多看是为了让人们多掌握文字的信息；多听是为了让人们多了解有声的信息；少说就是要人们多干实事。当今世界是高度信息化的世界，信息就是财富，拥有洞察信息、感知机遇的能力，创业者将事半功倍。

有这样一个例子：科威特由于国土完全是沙漠，每年需要进口大量的泥土种植花草树木。台湾天作实业公司的老板周玉凤了解情况后分析，科威特人进口泥土实属无奈之举，他们真正需要的是花草树木，如果能够研制出一种不需要泥土的花草树木岂不就可以赚大钱了吗？于是周玉凤聘请专家，不惜巨资投入研制不需要泥土的花草。不久，小草被研制出来，由于其适应性强、成本低、成活率高而备受科威特等国的欢迎。在西亚地区这种小草被称为"现代神毯"，不起眼的小草成了天作公司的摇钱树。周玉凤成功的关键在于她以敏锐的市场嗅觉和极高的悟性捕捉到了一个潜藏着巨大市场和赚取利润的机会。

风神汽车维修公司总经理李淑华1992年夏天偶然听到南京市外经委一位工作人员说有位美籍华人想在江苏投资，但不知做什么项目好。说者无心，听者有意。李淑华当晚就找到有关专家请教有市场前景的投资项目，并以最快速度草拟了项目计划书，第二天她胸有成竹地敲开外商所住的金陵饭店的房间门，滔滔不绝地分析市场行情，终于打消了外商的疑虑，满心欢喜地把投资款交给她经营。当初的李淑华身无分文，如今已是年创利税三四百万元的公司负责人。李淑华回忆创业经历时，感慨地说："捕捉商机的眼光比资本要重要得多。"只要我们注意观察，善于透过信息的面纱去感知隐含的对自己有用的内容，设法满足别人的需要，商机就在我们身边。当然能否把信息变成财富的决定性因素是人的洞察力。对信息进行选择、利用信息分析和解决问题，都是洞察力的表现，创业者必须锻炼自己的洞察力。

3. 交际能力

创业者要懂得如何促使人们改变想法，让他们为自己做他们本不想做的事情。成功的创业者都是沟通能手，筹集资金要交谈，签订销售合同要交谈，招聘雇员还要交谈。如果企业家未掌握清晰的、有说服力的谈话技巧，人们今天看到的那些业绩骄人的企业很可能在创业初期便夭折了。

在中国这样一个重视人际关系的国度里，要想创业必须具备社会交际能力。卡耐基说过：一个人的成功，15%靠他的专业技术，而85%要靠他处理人际关系的能力。对于创业者而言，创业过程就是与周围环境的动态交流过程。要想旗开得胜、马到成功，必须建立起各方面的社会关系。俗话说"多个朋友多条路"，成功的创业者不单是一个坐在办公室的策划者，他时常要与人（包括顾客、供货商、员工、政府机构、银行等）接触交往，因此建立关系网是创业者必要的工作，社会交往能力尤其在创业初期更为重要。因为在这一阶段，创业者要不断为业务奔波，联络各种不同的人，在与人沟通时也需要利用人际关系和谈判技巧和知识。

李晓华经商的秘诀之一就是建立良好的人际关系，国际上很多风云人物如安南、普京、海部俊树等政要与其都有私交。李晓华46岁生日时是与美国前总统布什一家人度过的。澳大利亚前总理霍克是国际上著名的政治家与经济学家，李晓华聘其为自己的经济顾问，霍克为李晓华拓展业务提供了许多独到见解，为其筹划远景。聘请外国前政府首脑为中国私营企业家服务，这在中国企业中史无前例。

包玉刚纵横航运界和商界近半个世纪，足迹踏遍世界各地，结识满天下。他凭借个人的知名度和公关手腕成为不少国家的党政首脑的座上客，布什、里根、英女王、撒切尔夫人、基辛格、密特朗、中曾根康弘、李光耀等国际著名政要都与包玉刚交往甚密。

不能令人信服就不可能创业成功。创业者们必须使金融界的投资人或股东相信自己的创新和发明是渴望获得成功的，这样才能获得资金。创业者们必须说服关键员工加盟本公司，接着还要使这些员工相信，必须为了未来而牺牲现在，这样才能组建团队生产出优质的创新产品。创业者们必须说服供应商和批发商拿出钱来支持他们实现梦想，这样才能获得必需的物资和出售自己的产品。最后，创业者们还必须使消费者相信他们的产品的确物美价廉，这样消费者才会购买。

4. 人才管理能力

知人善任意味着创业者不仅要善于发现人才，还要善于用好人才，要用其所长，避其所短。如果一个人是学术上的权威，善于搞研究，把他分配到科研单位才能发挥作用，让他去其他部门也许发挥不了他的作用。如果一个人有管理才能，就应当去担任具体工作。学非所用、用非所长都会造成人才的浪费。只有善任，才能使人才的聪明才智充分发挥出来。汉高祖刘邦说过："运筹帷幄之中，决胜千里之外，吾不如张良；连百万之众，战必克，攻必取，吾不如韩信；扶百姓，筹军饷，不绝粮道者，吾不如萧何；吾能用之，所以能得天下。"可见知人善任对管理者而言是何等重要。

"黄金系千，不如一贤"，人才的作用远胜于和重于钱财。成功的创业者几乎都是重视人才、知人善任的管理者，不但能对雇员进行选择、使用和优化组合，而且能运用群体目标建立群体规范和价值观，形成群体的内聚力。美国"钢铁大王"卡内基曾说过："你可以把我所有的工厂、设备、市场、资金全部拿走，但是，只要保留我的机构和人才，4年之后，我仍将是一个钢铁大王。"这充分说明人才是企业最宝贵的资本和财富，而且这种资本和财富的潜力是无穷的，关键是如何进行有效开发和利用。所以对于创业者来说，知人善任，使人尽其才、才尽其用，是十分重要的问题。

"三军易得，一将难求"，得人才者得天下。现代商战中，无论是以技术取胜还是以品牌取胜，归根到底都是人才的竞争。人是具有创造性的，人才给企业带来的是有生命的效益，是可以源源不断滋润企业的生命之泉。上战场没有精兵强将，如同纸上谈兵。创业者要善于慧眼识英才，善于发现和培养人才，不能对人才求全责备，因为金无足赤，人无完人。美国南北战争时期总统林肯任命格兰特为总司令，看中的是他有运筹帷幄、决胜千里的能力，并不计较他嗜酒贪杯的毛病。"有大略者不问其短，有厚德者不非小疵"是创业者识别人才的重要原则。

精华文摘链接

杰克·韦尔奇的用人秘诀是他自创的"活力曲线":一个组织中,必须有20%的人是最好的,70%的人是中间状态的,10%的人是最差的。这是一个动态的曲线,即每个部分所包含的具体人一定是不断变化的。但一个合格的领导者必须随时掌握那些人的姓名和职位,以便做出准确的奖惩措施。做得最好的那些人应该马上得到激励或升迁,最差的必须马上走人。

第三节 创业机会与环境

机会和环境是创业者事业中的两个不确定因素,它们总是在关键时刻起到举足轻重的作用,影响着创业大局的成败进退。

机会是创业的号角。每一次机会的来临都会使创业者感受到生命的号召,激励他们闻鸡起舞、逐鹿中原。环境是创业的舞台。任何创业活动都必须依靠环境的支持,在环境提供的条件下进行。如果离开环境,一切创业活动便都成为空中楼阁,纸上谈兵。在创业的道路上,环境与机会就像两只飞转的巨轮,推动着致富的列车轰轰烈烈地前进。

创业者在踏上征途之时都应该审时度势,对自己面临的机会和所处的环境进行了解、分析、评估和判断,以便准确地把握机遇,迎接创业人生的挑战。

一、创业机会

机会是一个神圣的因素,它就像夜空中偶尔飞过的流星,虽然只有瞬间的光辉,却照亮了漫长的创业历程。机会对于所有的创业者都是均等的,每个创业者都不能缺少机会。不同的是,有的人看到机会来了便紧抓住不放,其事业便因此出现生机;有的人面对机会却无动于衷,不知所措,其事业仍毫无起色。能够抓住机会的人,其成功的前提在于他发现了机会的存在,而错过机会的人依旧平庸是因为他根本就没有意识到机会的到来。这里一个关键的问题是对机会的识别,识别机会是把握机会的前提。要抓住机会并成功地利用机会,首先需要正确地识别机会。

(一)机会的概念

机会是人们在社会活动中遇到的能促进事业发展的客观现象,是人们取得成功的关键因素。现实生活中存在着各种各样的机会,如商机、战机、赛机等,创业机会就是诸多机会中的一种。所以,我们可以从机会的概念入手来识别创业机会。

1. 内在含义

简单地说,机会就是促进事物发展的客观机遇和契机。通常,人们把在日常生活和工作中潜在的、不易发现的有利条件称为机会,或把在困境中偶然遇到的转折点并由此走向成功的现象称为机会,也把在各项社会活动中突然出现的起带动作用的新情况、新机遇、新形势称为机会。可见机会是指客观事物在其运动变化过程中形成的、为人们的事业顺利发展所需要的有利时机。它包含了三层意思：第一，机会是一个时间概念，往往表现为最有利于事业发展的一个短暂阶段，也被称为时机；第二，机会是客观存在的或在运动中形成的，是不以人的主观意志为转移的，有其自身发展的规律性；第三，机会符合人们的某种需要，能给人的处境带来新的转机，从而使人的事业得到超常规的发展。创业机会作为一种特殊的机会，有其特定的含义，是指人们在创业过程中遇到的各种有利于创业活动开展和获得成功的良好时机。

2. 表现形式

（1）偶然机会和常规机会。偶然机会是指人们事先未能预见到的，因某一偶然事件出现而造成的、出乎人们意料的机会。这种机会带有突发性、意外性，非常稀少，又不易于事前把握，所以显得异常珍贵，具有很高的利用价值。常规机会是一种比较有规律的、容易预见的机会。通常是指客观事物的发展变化造成的不断循环、重复出现的机会，人们常说"历史有惊人的相似之处"，就是常规机会的表现。但历史不会重演，每一次常规机会的出现已不是原来意义上机会的简单重复，而是具有新的性质和含有新内容的机会。这种机会由于容易预见，其利用价值不大，并且每一次循环和重复出现都会使其发生贬值。

（2）个别机会和社会机会。个别机会是针对个别人在某一特定时间的良好际遇而言，是指从事某一社会活动的个别主体所需要的机会，所以也称个人发展机会。这种机会因人而异，非常具体。由于个人的情况不尽相同，对有些人来说可能是机会的事情对另一些人却未必是好事。需要指出的是，个别机会是社会机会派生出来的，必须在处于社会大机会的前提下才能发挥作用。比如在市场经济的社会大机会里，许多创业者八仙过海，各显身手，但在计划经济的年代里，这些人纵使身怀绝技也不会有用武之地。社会机会也称社会大气候、大机会或历史机遇，它是指在特定的历史时期由于社会形式的变化所造成的有利因素，是一个整体性、全面性的机会。它不考虑某一社会活动主体的条件，而是以全体社会成员为对象。大家同处一个时代，都能拥有或利用这种机会。

（3）次要机会和首要机会。次要机会是指那些对创业活动具有积极影响和推动作用但并不能带来根本性变化的有利时机。创业者对这些机会不能"兼容并蓄"、一律抓住不放，而应分清轻重缓急，学会抓主要矛盾，果断选择首要机会并加以利用。否则，识别机会就失去了意义。机会有时是结伴而来的，会发生多种机会同时出现的现象，这时就有了辨别和选择首要机会和次要机会的问题。首要机会是指那些对创业活动产生重大影响和起决定性作用的有利因素，能导致创业活动超常规发展并迅速走向成功。

（4）未来机会和现实机会。未来机会是指在将来一定时间内可能出现的机会，它通常表现为有利于客观环境变化和社会发展的某一倾向和趋势，具有更大的不确定性。当客观条件具备时，它就能够转化为现实机会。把握未来机会需要科学预见，需要先见之明，不是人人都能做到的。但谁要是能够把握住未来机会，谁就能抢占先机，占领时代的制高点。现实机会指的是当前形势下已经出现或正在出现的机会，实际上我们需要识别和利用的就是这种机会。

（5）潜在机会和表面机会。潜在机会是指隐藏在客观事物背后的、已经存在但尚未表现出来或尚未被发现的机会。由于这种机会未被大多数人了解，也难以发现，所以具有很高的利用价值。这是一种最适于利用、最易取得成功的机会。表面机会是指客观环境的发展变化已经呈现出某种有利的条件，这种机会已经形成，是显而易见的，也易于识别和发现，稍加分析就可确定是否是社会活动主体需要的机会。但机会只能属于个别人，如果大家都能看到，机会可利用的价值也就不大了。

（二）机会的形成

机会是变幻莫测的，令人扑朔迷离，无法把握。其实机会并不神秘，它经常在你身边，在你一伸手就能够着的地方。你看不到它，是因为你不了解它。了解机会首先需要考察机会的形成条件。一旦你掌握了机会产生的规律，机会的神秘色彩就自然消失了。那么机会是怎样形成的呢？

1. 在挑战命运中显现

有的人相信命运，认为人的一生都是由命运决定的，祸福贵贱都是"命中注定"、无法改变的。消极地"听天由命"，接受命运的摆布，而从没有想到过要与命运抗争。持有这种人生观的人，可以想象他们根本就不可能看见机会的存在，更不能利用机会来改变自己的一生。即使机会每天向他们走来，他们也无法抓住。他们总是把取得成功的人看成命运的宠儿，而认为自己的不幸遭遇是命不好，从不设法改变命运。这种人永远没有机会。

有的人则不相信命运，认为人生的道路是靠自己走出来的，每个人的命运都掌握在自己的手中。命运好与不好全在于自己的奋斗。他们不满足现状，敢于向命运挑战，也许他们中会有人因没能抓住机会而失败，但大多数人都能凭借各种有利的机会取得事业的成功。所以说，机会总是在与命运的抗争中显现出来的。对于把命运掌握在自己手中的人来说，处处都是机会。

机会与人生观是紧密地联系在一起的。想发现机会的人，要做的第一步便是端正自己的人生态度，做自己命运的主宰者。所有的创业者都是勇于主宰自己命运的强者，他们从事的事业就是向命运挑战的行动，创业过程是充满机会的，这些机会一旦被他们抓住，他们的人生便从此辉煌，命运的转折令人羡慕。

2. 才能爆发的结果

人生成功的原因是多方面的，才能与机会是其中至关重要的因素。所以有人提出这样的公式：成功=才能+机会。

才能是成功的内因，是主要的，而机会只是外因，是次要的。才能是成功人生的决定性因素，而机会要通过才能才可以发挥作用。机会固然重要，没有机会，天才也很难登上成功之巅，但才能却是万不可少的，没有才能，纵然机会堆积成山也无法利用，和没有机会一样。一个真正有能力的人总是会抓住机会，即使错过了今天的机会，还会有明天的机会，用古人的话说就是"天生我才必有用"。所以，没有才能等于没有机会。牛顿从苹果落地得到启发，创建了万有引力学说；瓦特从水壶冒气得到启发，发明了蒸汽机；鲁班从被草割破手指受到启发，发明了锯子。这些事例举不胜举，他们为什么会成功呢？看见苹果落地、水壶冒气的人不少，手被草划伤的人更多，可为什么偏偏是他们抓住了成功的机会呢？道理很简单，就是因为他们本身的才干与能力出众，才能在别人习以为常的现象中得到突破。如果他们是凡夫俗子，才华平平，就算有更多的机会也是不会成功的。

才能是成功的基础，机会只是起到了引导才能爆发的作用，也可以说机会是才能爆发的结果。所以，对于一个想要获得成功的人来说，首要的问题并不是去寻觅机会，而是要下功夫提高自己的能力、素质，有了这些，机会才有存在的价值。

3. 失败积累的产物

失败是成功之母。任何人的成功都不会是一帆风顺的，再有能力的人也总是经过数次、数十次乃至数百次的失败才能获得成功。由此我们可以得出这样的公式：成功＝才能＋多次失败。如果与前文"成功＝才能＋机会"的公式合并类推，就是"机会＝多次失败"了。这在推理上没有错误，在现实中也是正确的。许多成功的机会出现前总是有过无数次的失败，前人的失败往往成为后人走向成功的机会。因为每次失败都能使人看到不足，发现问题，暴露矛盾，这就减少了再次失败的可能，增加了成功的概率。爱迪生说："失败也是我需要的，它和成功对我一样有价值。只有我知道一切做不好的方法之后，我才能得到做得好的方法。"需要指出的是，机会是失败积累的产物，是失败从量的积累到质的飞跃的过程。如果失败一次便裹足不前，那就永远不会再有成功的机会了。所以，一个创业者要想取得成功，必须经得起创业失败的考验，在哪里跌倒再从哪里爬起，重整旗鼓，继续奋斗。失败，奋斗，再失败，再奋斗，直至走向成功，这就是创业者的逻辑。

4. 从兴趣的源泉里迸发出来

兴趣爱好是生长在好奇心树上的智慧之果。事实告诉我们，众多机会的出现都是以人们的兴趣和爱好为发源地的。个人发展机会在多数情况下是在人的好奇心驱动下产生和创造出来的。好奇心可以激发人们认识某种事物或某种活动的倾向。当一个人对生活中的事物产生兴趣和爱好以后，就会全身心地投入探索、求知这一事物的时间活动，于是许多机会就会被发现或创造出来。比如哥白尼对天体运行及日食、月食等现象十分好奇，这使他对天体学产生了浓厚的兴趣，驱使他花费30多年的研究时间建立了太阳中心学说，从而揭开了近代科学的序幕。兴趣就像一个神奇的百宝箱，里面能飞出许许多多不可思议的奇迹。反过来说，一个对任何事物都不感兴趣或没有爱好的人，既不关心客观事物，也不从事探索实践，当然也就不会发现或创造机会了。

机会并不是肤浅的东西，可以由人招之即来、挥之即去，或近在咫尺地等待你。它不但稍纵即逝，而且也姗姗来迟。而兴趣则使人充满热情，持之以恒，执着追求，这样机会就会一次次地降临在人们面前。所以，能够发现机会并抓住机会的人总是热爱生活，对生活中的事物充满浓厚兴趣的人。你想拥有机会，那你首先应拥抱生活。

（三）机会的特征

事物的特征是其内在规律性的反映，抓住了机会的特征，也就掌握了它的活动规律。识别机会的目的在于探索机会的活动规律，从而成功地把握机会。机会具有如下几个特征。

1. 时代性

孔子说:"天下有道则见,无道则隐。""邦有道,则仕;邦无道,则可卷而怀之。"就是说,在有机会的好时代、好国家,知识分子应出世建功立业,而碰上没有机会的时代,最好隐居起来等待时机。可见机会是有时代性的,机会总是与时代联系在一起,具有鲜明的时代特征。

机会的时代性,是指一定时代对各种机会打上的烙印和时代赋予机会社会的、民族的、时期的色彩。

时期色彩即不同时期对机会产生的作用。如我国"文化大革命"十年时期可以说是一个混乱不堪、没有什么创造性和建设性机会的时代,多少有志之士"生不逢时",没有机会施展才华。而在改革开放时期,历史恢复了它的理性和良知,整个社会充满了对人才的渴望和呼唤,时代为有志之士提供了前所未有的机会和条件,人们终于有了海阔天空的用武之地。

时代是机会的土壤,好的时代能培育出大量的机会,为人们的成功提供条件;而差的时代则像碱性土,荒无生机,根本没有孕育成功的机会和可能。所以有人形容自己的成功是"生逢其时"。与其生而有才,不如处在一个好时代,好时代就是一个创业者能得到的最大机会。

社会色彩是指不同制度的社会对机会产生的影响。如果政治制度比较宽松,就能在更为广阔的领域里为个人奋斗提供更多机会;如果政治结构比较严密,有许多领域是普通人不能涉足的,当然那些领域中的机会也就看不到了。

民族色彩是指不同文化的民族利用机会的风格。如西方民族重利轻义,他们利用各种机会是为了赚钱,因此产生了许多世界著名的富豪;中华民族则重义轻利,我们利用各种机会多是为了实现自己的政治抱负,因此出现了许多受人仰慕的英雄人物。

2. 隐蔽性

生活充满机会,机会每天都在撞击着我们的大门。可惜的是,大多数人都意识不到机会的存在,总是与机会失之交臂。为什么会这样呢?这是因为机会具有隐蔽性的特征。

机会是闪烁在我们周围发生的小事背后的灵光,人们无法一眼看到它;机会像一个与我们玩捉迷藏游戏的顽童,人们不能立刻抓住它。机会的这种隐藏性特征使它在人们心目中是神秘和可贵的。如果机会没有了隐藏性,人们一眼便能看到它、一伸手就能摸到它,那么也就不称其为机会了。

机会是一种无形的事物,人们只能凭感觉意识到它的存在,而无法用视觉看到它。它总是隐藏在社会现象背后,其真相往往被表象掩盖着,人们通常很难找到它的踪影。正如法国文学大师巴尔扎克所说:"机会女神总是披着面纱,难以让人看到她的真面目。"

3. 易逝性

中国有句成语叫作"机不可失,时不再来",就是对机会的易逝性最好的说明。

机会的易逝性表现在:其一,稍纵即逝。机会多是偶然之间出现的,偶然的东西其生命力是短促的,必须紧抓不放,否则瞬间便会消失。其二,一去不返。机会呈现出的是一种非常态的、不确定的时间表现形式,时间如流水,一去不回头。机会也是这样,虽然天天都可能会有机会出现,但同样的机会是不会重新再来一次的。虽然机会很多,但真正能被人抓住的机会凤毛麟角，大量抓不住的机会便轻易流逝了。此外，由于机会往往是社会所共有的，人们都在寻找机会，因此先下手者为强，在激烈的竞争中，只要你稍一迟疑，机会就会被别人抢走。

机会不是陈年的酒，越久越香，它是春天的花，只有短暂的灿烂。也正因为如此，机会才充满了诱人的魅力。

4. 偶然性

偶然的发现常常会给人带来意想不到的成功，这就是机会的偶然性特征。偶然性是指人们事先无法预见、没有料想到的、不定时的和意外发生的现象，这种偶然性在人们的生活中是经常出现的，如在科学研究中本来是为了研究某一项目，在进行中却意外地发现了另一种颇有意义的信息或结果，这种情况通常被认为是最典型的机会。

多数情况下机会是偶然造成的。尽管机会普遍地存在于人们身边的事物中，但人们并不容易捕捉到它。人们越是刻意地寻找机会，就越是难见机会的踪影，而常常是当你在毫无精神准备的时候它却突然出现在你的面前。在寻找机会的过程中，人们都曾有过"众里寻他千百度"的艰辛，但也有"蓦然回首，那人却在灯火阑珊处"的意外收获。据了解，在科学家伟大的发明和发现中有一半以上是因为偶然导致的。这些偶然的机会促成了这些科学家的成名，伦琴发现X射线是如此，弗莱明发现青霉素也是如此。

机会虽是偶然现象，但却是客观事物内在的必然性的表现。如果人们没有平时知识的积累、辛勤持久的探索，即使机会来了也不过是一种偶然现象而已。在人的一生中，总会碰到各式各样的偶然机遇，认识到机会的偶然性，注意留心意外、把握偶然，千千万万个机会就在前面等着你。

（四）机会对创业的意义

柳青在《创业史》中有句名言："人生的道路虽然漫长，但紧要处却只有几步。"这"紧要的几步"说的就是机会。机会能够创造人生、改变命运，对创业具有更为重要的意义。

1. 机会是创业的路标，为创业者指明前进的方向

一般来说，创业者创业之初总是会选择适合自己或自己感兴趣、所熟悉的行业作为事业发展的方向，因为这对创业者来说成功的把握会更大一些。然而，现实并非如此，往往事与愿违。有人擅长文学，最后却办起了餐馆；有人酷爱艺术，却在养殖业上取得了成功。这种事例举不胜举。如鲁迅先生是学医的，他在医学上并没有什么建树，相反却成为了我国一位文学大师。孙中山先生也曾想以医学救国，最后却走上了革命道路，成为了历史伟人。为什么会这样呢？是机会的作用使然。机会与环境一样，你只能适应它、利用它，而不能让它适应你，更不能由你根据自己的意愿去改变它、创造它，否则机会对你就失去了意义。许多创业者在事业成功后都发出过这样的感慨："开始我做梦也没想过要经商，谁知最后竟当了老板。"这无疑是机会的作用使创业者们改变了人生的方向。路是靠自己走出来的，但前进方向则是机会帮你做出的。在人生的道路上有许多岔道口，机会就是矗立在岔道口上的路标，创业者想抓住机会，就要按机会所指引的方向前进，这样你的一生就会出现转机。如果违背机会，逆流而上，那么就会失去机会。

2. 机会是创业的动力，把创业者推上社会的舞台

创业本身是一项风险性很大的社会活动，并不是人人都会对它充满渴望。特别是生活在顺境之中的人，轻易不愿冒着失去现有优越生活条件的风险而去为未知的命运创业，而处于逆境的人也希望有一天会时来运转，不到万不得已是不肯主动接受命运的挑战的，毕竟创业的风险太大，要以失去工作和现有的生存条件为代价，尤其是过惯了艰苦生活的中国人更是如此。人们之所以产生创业的念头并付诸行动，往往都是在一次偶然机会的促动下，这次机会给人们展现了光明的前景，使他们看到了未来的美好和成功的希望，这才使他们产生了创业的动机，满怀希望地走上创业的征途，最终成为命运的强者。如果不是机会的出现，这些人也许仍然在听天由命地等待命运对他们的安排。

3. 机会是创业的关键，使创业者走向成功

机会往往是人生的转折点，是新的生活的开始，抓住了机会，距离成功就不再遥远。事实表明，创业的道路虽然漫长，但取得成功往往只是瞬间。正所谓"十年寒窗无人问，一朝成名天下闻"。舞台上一举成名、商场上一夜暴富的例子俯拾皆是。演员孙海英从事演艺生涯20余年一直默默无闻，结果由于电视连续剧《激情燃烧的岁月》成功地塑造了石光荣的形象，一举成为家喻户晓的明星。这就是机会的作用。当然，肯定机会的作用并不意味着对个人努力的否定，机会只是事业成功的导火索，真正起决定作用的还在于创业者的才能与努力。正是有了"十年寒窗无人问"的努力，才可能有"一朝成名天下闻"的成功。如果创业者既无才能又不努力，即使有一万次机会也不会有一次的成功。创业者只有坚持不懈地努力，时刻准备迎接生活的挑战，才能在机会到来时抓住机会，一举成功。这里需要指出的是，人生的机会并非只有一次，失去一次机会并不意味着人生理想的破灭，随之而来的还有新的机会，如何把握和利用眼前的机会才是一生中最重要的事情。

二、创业环境

人是社会的产物，人要服从适者生存的法则，才能在复杂的社会环境中争取生存的权利。创业就是人们为了适应环境，争取生存的一种社会行为。

人不能脱离环境而独立存在，人通常是生活在特定的环境也就是就业环境之中的，就业环境的不断变化使有些人的思想、观念和行为越来越不能适应环境的要求，以至于生存受到了威胁。为了改变这种环境，这些人萌发了创业动机并付诸行动。他们脱离了旧的就业环境，使自己进入到一个新的环境，即创业环境中来。

创业环境对于任何一个创业者来说都是一个崭新的环境，因此就有个适应的问题。创业者面对着这个自己完全陌生的世界，要使自己的思想和行为符合它的要求，就要了解和熟悉创业环境。

（一）创业环境的含义

环境分为一般环境和特殊环境两类，一般环境是对所有人都存在广泛影响的社会大环境或者说社会大气候；特殊环境是对某一部分人或组织具有决定意义的小环境或者说个别环境。创业环境就是一种特殊环境，是一般环境的一个特定层面和组成部分。

1. **内在含义**

创业环境是指开展创业活动的范围和领域,是创业者所处的境遇和情况。它是对创业者创业思想的形成和创业活动的开展产生影响和发生作用的各种因素和条件的总和。创业环境的内在含义有:

（1）创业环境是创业活动的基本条件。环境是一种客观存在,存在决定意识。创业环境对创业活动的决定性作用在于它能为人们的创业活动提供各种精神或物质的条件,能从各个方面影响着创业活动的进程,决定着创业活动的成败。

（2）创业环境是创业者面临的处境。环境在本质上是一个动态系统,具有较大的不确定性。创业环境始终处于不断发展变化的过程中,使创业者不断面临新的情况、解决新的问题,这就决定了创业是一项变革和创新的活动。

（3）创业环境是创业活动所在的领域。所有的创业活动都是具体的、现实的,都要有一个明确的方向和目标。创业者在哪个行业里创业、创什么样的业都要从实际出发,受环境的支配,不能随心所欲。创业环境在很大程度上规定了创业的性质和活动范围。

2. **表现形式**

创业环境是客观存在的事物,总是以多彩多姿的形式来表现自己内涵的。对创业环境所取的观察角度不同,其表现形式也不同,创业环境通常有以下几种表现形式:

（1）外部环境与内部环境。外部环境是创业企业外部各种创业条件的总称,包括社会的、自然的、政治的、经济的、合作的、竞争的、远处的、近处的形势和情况,对创业企业的发展具有广泛的影响力,是创业企业发展的保证。创业企业要适应的正是这种环境。内部环境是创业企业内部各种创业要素的总称,如人员、资金、设施、技术、产品、生产、管理、运营等方面的情况。内部环境是创业者的"家园"。俗话说"家和万事兴",内部环境对创业活动的开展至关重要。处理好内部关系、优化内部环境是创业活动生存的根基。

（2）自然环境与社会环境。自然环境是指创业者面对的地理、资源、气候等自然状况。社会环境和自然环境作为开展创业活动的宏观背景,它们的变化能对创业活动产生巨大的、不可抵抗的影响。创业者只能利用它们,却无法改变它们。社会环境也可称为国情,是指创业者所处的国家和社会的政治制度、经济制度、法律制度、思想文化、风俗时尚以及党和政府在特定历史时期的路线、方针、政策等方面的条件。

（3）投资环境与融资环境。投资环境特指创业者资金投向的项目行业及地区的情况。融资环境是指创业者为了扩大创业实力需要聚集资金的社会条件。融资与投资是创业活动不可割离的两个方面,都受特定地区人们的经济收入、消费观念、风险意识、国家政策等环境因素的影响。

（4）消费环境与生产环境。消费环境是指创业者的商品转化为货币的过程所需要的各种条件,包括特定地区人们的富裕程度、消费观念、消费水平、市场和竞争对手等方面的状况。生产环境是指创业者的资金转化为产品的过程所需要的各种因素,包括劳动力、生产设施、原材料、技术服务、动力供应、交通运输等状况。

（5）竞争环境与合作环境。合作环境是指创业者对外扩张、寻求发展、建立协作伙伴关系的环境氛围,通常指相关行业、供应商、经销商、广告商、技术所有者、风险投资公司及新闻媒体等单位的情况。竞争环境是指创业者所处的行业状况，包括行业的经营思想、产品质量、技术力量、管理水平、营销政策等。合作环境与竞争环境是创业组织生存与发展极为重要的外部条件，任何创业者都无法脱离这个环境而存在。

上述各种形式的创业环境相互交织，构成了完整的创业环境的概念。创业者只有全面认识和把握自身所处的环境的基本构成，熟悉各种环境内含的共同趋向和基本要求，才能够切中时代的脉搏，进行卓有成效的创业活动。

(二) 创业环境的作用

人类的一切活动都是在环境的支配下进行的，环境是人类活动的决定性因素。创业环境也不例外，它影响着人们创业活动的全过程，对创业活动具有决定性的作用，其对创业活动的作用表现在以下几个方面。

1. 事业依托作用

任何事业的开拓与发展都要有所依托，不能无凭无据。创业也是如此，至少要有一个立足之地，即要有一个开展经营活动的场所，创业活动才会落到实处。这当然要靠创业环境提供。创业者凭借创业环境的依托构筑起自己的创业大厦和可靠的阵地，使自己有了开展创业活动的根据地。如果离开创业环境，创业者就会像没有根底的浮萍，无法把握自己的命运。

2. 主体培养作用

作为创业活动主体的创业者不是天生的，而是环境造就的。正所谓"时势造英雄"，"时势"指的就是环境。每一个创业者都是在特定的创业环境培育下成长起来的。首先，人的创业动机是在其所处环境的刺激下产生的。人本来没有创业的念头，但迫于环境的压力或是受到环境的激励或诱发才萌生了创业的动机和愿望，并最终把创业的动机付诸行动；其次，在一定的历史时期，客观环境要求产生大批创业者。社会要发展，国家要富强，民族要振兴，需要有千百万创业者来承担历史重任，同时，这种环境也为创业者的产生和成长提供了各种有利条件，于是创业者便会应运而生。最后，人本身并不具有创业者的条件和素养，但特定的创业环境不断地对创业者施加影响，提高他们的素质，磨炼他们的意志，培养他们的能力，增长他们的知识与才干，最终把他们造就成一名符合时代要求的合格的创业者。

3. 精神推动作用

创业活动不仅需要物质基础保证，也需要精神动力的支持，缺乏后者这个条件，创业活动仍是无法开展的，也是难以为继的。在特定的社会条件下，各种道德、观念、思想意识的形成，党和政府的各项方针、政策、路线的制定，以及国家的各项法律、制度、体制的建立，都是有利于创业发展的良好环境，都从各方面推动了创业活动的发展。比如，十一届三中全会以后，党的一系列富民政策的出台唤起了人们创业致富的热情，成就了一大批先富起来的个体户；邓小平南方谈话发表和社会主义市场经济的建立，促使更多人打消了顾虑，勇敢地投入到自主创业的大潮中；党的十六大提出全面建设小康社会的宏伟目标，并明确指出保护个人合法收入，鼓励发展非公有制经济，为自主创业提供优惠政策。这就使得以前不敢创业致富、害怕"割资本主义尾巴"的人们也放心大胆、义无反顾地加入了创业大军。

4. 物质保证作用

创业活动所需要的一切资源都是创业环境提供的。创业环境要为创业的启动提供资金、项目、技术、信息，要为创业的生产活动提供劳动力、设备、原料、动力，要为创业者的产品销售提供交通运输和市场，还要为创业者的生活提供后勤服务，诸如学校、医院、宾馆、商店、治安、消防以及环保、物业管理等。这些条件为创业活动的顺利开展提供了强有力的物质保证，离开了这些条件，一切创业活动都难以开展。

（三）创业环境的特征

创业环境具有一般环境所具有的客观性、复杂性、变化性的本质特征，同时它作为一种特殊的环境，还具有不同于其他环境的个性特征。这些个性特征是宏观环境的共性特征在创业过程中的具体表现和生动反映。

1. 风险与利益同在

风险与利益同在是创业环境的基本特征。创业环境是人类利益最普遍的地方，具有最为丰富的利益资源，其中存在着人们追求的各种各样的利益，包括精神的、物质的、政治的、经济的、个体的、群体的、社会的、家庭的利益。同时，创业环境也是风险最集中的地方，这里危机四伏，险情密布，稍不留神便会给人们造成巨大的损失和灾难。创业环境中的利益和风险是同时存在的，又是相伴始终的，它们之间联系紧密，无法分割。这一特征使人们的创业活动成了一种既充满利益诱惑，又富有风险刺激的事业。你要想得到利益，就必须承担风险，世上没有免费的午餐，创业者获得的任何利益都是其挑战风险的结果。不敢冒险的人是永远无法收获创业果实的。

创业具有强烈的功利色彩，每一个创业者都是以极大的致富热情投入其中的。没有利益的驱动和激发，人们是不可能产生创业冲动的。但创业也是一项充满风险的活动，并非所有的创业者都能如愿以偿，事实上许多人付出了沉重的代价却血本无归。创业活动的逐利性和冒险性是由创业环境内含的利益与风险决定的。

2. 挑战与机遇并存

没有任何一个地方能像创业环境那样给各类人才的脱颖而出提供如此自由广阔的天地和舞台，提供如此众多的发展机会和动力支持，提供如此丰富的物质基础和条件，这就是机遇。创业环境是一个充满无限商机的领域，创业环境是机遇的宝藏，孕育着各种各样的发展机遇，令创业者跃跃欲试，为之折腰。然而，创业环境所提供给人们的机遇仅仅是一种成功的可能性，具有极强的时效性和确定性，并非所有的人都能抓住它和利用它，也不是无论什么时候抓住都能取得成功。抓住机遇需要才能、智慧、勇气和毅力，这对缺乏能力、智慧、勇气和毅力的创业者来说就是一种挑战。抓住机遇也需要及时、迅速、果断的判断力，如果不能及时把握机遇，一旦错过机会，创业者就会与机遇失之交臂，陷入更加困难的境地。这说明创业环境在提供机遇的同时也向人们提出了挑战，并且机遇与挑战是并存的，也是紧紧联系在一起的。机遇意味着挑战，挑战包含着机遇。要抓住机遇，就必须接受挑战，只有接受挑战，才能抓住机遇。这种机遇与挑战并存的现象是创业环境的最典型的特征。

3. 逆境与顺境俱进

创业过程中，创业者有时会处于非常有利的局势，左右逢源，得心应手。但有时也会处于极其困难的境地，进退维谷，如履薄冰。这说明在创业环境中既蕴含着对创业有利的因素，也存在着对创业不利的因素，创业者总是在顺境和逆境的交替推动下一步步走完创业历程的。毋庸置疑，顺境与逆境俱进是创业环境非常明显的特征。掌握这一特征对创业者是十分必要的，它使创业者懂得，创业的道路是曲折的，但前途是光明的。在创业处于顺境的时候，创业者要保持清醒的头脑，不为一时的胜利而骄傲，要抓住良机，乘势而为，不断发展创业的大好形势；在创业处于逆境的时候，要始终对自己的事业充满信心，不为暂时的挫折所屈服，以更加饱满的斗志和百折不挠的精神投入创业生活，战胜各种困难，开创新的创业局面。

4. 创新共求

创业环境具有适应于创新共求的突出特征。一方面，创业环境的存在为人们的创业活动提供了必要的条件和现实的依据，从而成为人们开展创业活动的出发点。它要求人们的创业活动必须尊重客观规律，适应创业环境的客观实际。另一方面，它随着时代的进步不断发生变化，又要求创业者必须通过一定的开拓和创新活动改变现状，以适应创业环境新的存在方式。如果违背创业环境的实际情况，不能适应创业环境的要求，创业活动便无法开展，而不能适应创业环境的发展形势，不能与时俱进、开拓创新，创业活动也便会失去自身的价值。适应需要创新，创新也是一种适应。因此，适应与创新是创业环境固有的趋向和内在的要求，创业活动就是在适应与创新这两大动力的相互作用下不断推进的。创业者应深刻领悟创业环境这一特征，在创业活动中正确处理适应与创新这对矛盾的辩证关系，真正做到在适应中求生存，在创新中求发展，既适应环境，又改造环境，使自己的创业活动永立不败之地。

三、创业机遇的把握

机遇是宏观的环境和长期的机会，它包含了环境和机会的基本性质和特征，是创业活动得以发展的客观因素。开展创业活动必须把握机遇，对于这一点，每一位创业者都不会产生怀疑，但如何把握机遇却不是所有的创业者都能解答的问题。这既是一个观念的问题、理论的问题，也是一个实践的问题、方法的问题，需要我们用实际行动来找出答案。

机遇就是事物发展的有利时机和境遇，是机会与环境的统一。机会和环境从来就是一个不可分割的整体。无机会不可成其环境，无环境不可成其机会。它们相互结合，共同作用，才造成了我们事业发展的各种机遇。不同的是，环境作为一种空间概念，是一个有形的必然性因素，是以渐进的量变方式推动机遇出现的，而机会作为一种时间概念，是一种无形的偶然性因素，是以飞跃的质变方式促使机遇的产生的。

（一）适应环境、与时俱进

把握创业机遇就要与时俱进，创业者要使自己的思想和行为服从不断发展的环境要求，从而为创业活动的开展争取更为有利的发展空间。环境是创业活动的背景，是创业机遇的发源地。创业环境的发展与要求的服从是以创业活动的方式实现的，创业活动已不是完全消极被动地任由环境摆布和支配，而是服从客观规律，顺应历史潮流的具体行动，它是积极的、主动的，是创业者对创业环境施加的影响和反作用，也是创业的真正意义所在。这种服从体现为创业者对创业环境的充分认识、巧妙适应、合理利用和成功改造。

1. 认识创业环境

一个动荡不定的世界始终处于不断的变化之中，它决定了创业环境的本质。这种变动性使得环境扑朔迷离、难以把握，但正是这种变动不断为创业者制造出一次又一次的发展良机。创业者对创业环境不能只从书本上、课堂上认识，还要在实践中、创业中认识。实践出真知，创业者通过长期的创业实践活动可以真正体会到创业环境的性质，感受到创业环境的特点，探索到创业环境的变化规律，从而得到对创业环境的正确认识，为把握创业机遇打下坚实的基础。

2. 适应创业环境

创业活动实际上是一种生存方式，每一个创业者都是为了在恶劣的环境中求取生存才走上创业道路的。创业活动无论什么时候都不能脱离创业环境的实际，创业者必须按客观规律办事，根据环境的要求、利用环境所提供的种种可能和条件，主动地去适应环境，以争取生存的权利。但环境总是不断发展变化的，有时还是跳跃前进的，创业者要适应环境的发展要求，就要紧跟环境的步伐，不断创新。通过自己的辛勤的创业活动，去摆脱和冲破旧的环境的影响和惯性。可见，适应与创新都是创业环境的内在要求。要适应环境必须创新，只有创新才能适应环境。创业本身就是一种创新活动，同时也是适应环境的行为。创业者要服从创业环境的要求，就要努力推进创业大局，不断开拓创新，使自己的各项工作都能适应新形势的发展要求。

3. 利用创业环境

创业者无法阻挡创业环境的变化发展，更不能把它排斥于自己的创业活动之外，然而创业者却可以利用创业环境开展创业活动，因为在创业环境中有许多创业的机会和条件。创业者可以利用各种对自身有利的因素成就自己的事业，求得生存和发展。这种对创业环境的利用也是创业活动服从创业要求的表现。因为环境存在的价值就在于人们对它的利用，不利用就失去了环境存在的意义。但利用创业环境必须是合理的，不能由着自己的性子、为了自己的利益任意利用，否则就会破坏创业环境，最终会遭到创业环境的报复。每个创业者都要以此为戒，要在尊重创业环境、保护创业环境、优化创业环境的思想指导下，合理地利用创业环境，让创业环境为我们的创业活动提供永不枯竭的机会和资源财富，造福千秋万代。

4. 改造创业环境

人们开展创业活动的目的是为了改造环境，改变自己的命运，每一个创业者都肩负着改造环境的历史使命。改造创业环境就是创业者按照自己的意志、设想和方式，通过创业活动创造出一个崭新的、适合自己生存和发展的环境的过程，它是创业活动在最深层意义上对环境的服从，是人类创业活动的最高境界，同时也是环境发展的内在要求。所以每一个创业者在创业活动中都要不忘使命，牢牢掌握改造环境的主动权，按照自己的意志和绝大多数人民的利益改变旧环境，创造新环境。当创业活动处于这种境界时，我们就可以说创业取得了真正的成功。

(二) 迎接创业机会

把握创业机遇的关键是要抓住各种有利的机会，并加以利用。由于机会具有隐蔽性、偶然性和易逝性的特征，它没有形状，你不知道它在哪里，也不知道它在什么时候出现，所以把握机会是非常困难的。但机会毕竟是会出现的，一个机遇期里总是隐含着许许多多各种各样的机会，创业者只要留心观察，积极准备，就能抓住所需要的机会。

1. 发现机会

发现机会就是注意从日常生活中发生的各种事件里寻找出对你的创业最有利的征兆。虽然说起来容易，但做起来却往往无从下手。因为机会是无形的，虽然它无处不在，但真的需要它时它却又无处可寻。所以，发现机会需要有敏锐的观察力和睿智的辨别力。有了观察力，才能发现人之所未见，透过现象看本质，及时发现隐藏在细微小事背后的机会；有了辨别力，就可独具慧眼，明察秋毫，从众多现象中找出真正属于机会的东西。

发现机会要做到：一是关心社会发展，形势变化；二是善于捕捉和搜集各种信息；三是留心意外事件和注意生活中的偶然现象。

2. 等待机会

机会既不会在你需要它的时候招之而来，也不可能随时随地在你面前出现。要想把握机会，就需要有足够的耐心等待它的到来。当然，等待机会并不是那种守株待兔式的消极等待，而是要用一种积极的态度，分析时局的发展，静观环境的变化，为抓住机会做好准备。因为机会总是偏爱有所准备的人，有准备的人总是能抓住一切可以利用的机会。这里的准备是指能力的准备，因为机会只有与才能结合在一起才会有用，没有才能，纵然有万千机会也无法利用。等待机会，一方面是不断地努力提高和增强自己的能力，另一方面是不断地寻找差距，增长自己的才干，弥补自己的不足。当你做好了这一切，可以说是"万事俱备，只欠东风"，剩下的就是"伺机而动"了。

3. 创造机会

创造机会，是指创业者在预测未来机会的基础上创造利用未来机会的各种条件。这种条件是创业者目前暂时不具备的，但同时又是未来创业活动所必需的。它既要符合客观现实的情况，又要适应未来事业的发展。所以，它既是一种创造性的思维，又是一种创造性的行动。创造机会是创业者为了把握即将到来的机会，迎接挑战而做的精神上、物质上特别是自身能力上的准备。它是创业者的主观世界对客观世界能动性反映的结果，也是创业者的自主精神、进取精神和创新精神的反映。

准确的预测力和丰富的想象力是创造机会需要具备的两种能力。预测力使创业者能对未来的机会做出科学的判断，从而使自己的创业活动做到有的放矢，而不致陷入空想。想象力使创业者能对现实的条件进行大胆的创新，从而使未来的创业机会成为真正的创业机遇的切入点，伴我们走向成功。

4. 选择机会

没有机会的时候，人们盼望机会，可当机会到来了特别是几个机会同时出现在面前的时候，也令人为难、不知如何是好。这就提出了选择机会的问题。机会是需要选择的，创业者对机会应有所取舍，不能不辨良莠，统统加以利用。因为机会是客观的，它既有个利害问题、主次问题，也有个真假问题，同时还有个是否适合我用的问题。不加选择，盲目乐观，认为凡是机会都是有用的，于是抓在手里、马上行动，就会犯机会主义的错误；反过来，对机会持怀疑态度，一概排斥，就会犯保守主义的错误。正确的态度是对所有的机会进行科学地选择、合理地利用。

选择机会是对已发现的机会进行分析和去粗求精、去伪存真地筛选，从中去除那些不太重要或利用价值不大的机会，确定那些对创业活动最为有利的机会而加以利用的过程。对机会的选择涉及许多方面的知识，这不仅是一个方法问题、眼光问题，而且也包含思想道德、社会责任、个人素质等多方面因素的考虑。我们只有经过综合运筹，分析利弊，全面衡量，才能做出正确的抉择。

（三）抢占机遇

机遇的生命并不像机会那样短暂、稍纵即逝，它有一个产生、成熟、发展的历史过程。机遇往往又被称为历史机遇，它在时间概念上是指对事物发展极为有利的时期，但环境和机会的特征决定了机遇的生命期是有限的。机遇产生的起点是它生命最辉煌的时候也是它的价值所在，因此，机遇属于最先抓住它的人。把握创业机遇需要主动迅速，果断出击，抢先占领制高点，这样才能牢牢把握机遇的主动权。任何犹豫不决、优柔寡断都会坐失良机，使创业大局陷入被动。所以，我们要把握创业机遇，必须遵循以下几个原则。

1. 弃旧图新

创业者在机遇来临时，要有告别昨天、拥抱未来的决心和勇气。创业是风险性很强的事业，创业机遇中也是充满风险的。但风险与机遇总是同步的，风险越大，机遇的价值含量就越高。如果创业者对眼前的利益考虑过多，如对稳定的工作、不菲的收入、舒适的生活等看得过重、割舍不掉，那就无法迈开创业的脚步，也就不能利用有利时机改变自己的一生。许多人在创业机遇到来后一方面想创业，一方面又想给自己留下后路，以免失败后进退失据，优柔寡断，患得患失。这样一边创业，一边又要干原来的工作，就使自己成了名副其实的业余创业人或兼职创业者。结果往往是顾此失彼，事业创不好，又影响了原来的工作，机遇就在这种情况下悄悄逝去了。在创业者的队伍中，这种又想创业又怕冒风险的人占了大多数，他们总是带着救生圈下海，试图追求两全其美。实际上两全其美的事是不多的，熊掌与鱼不可兼得。参加创业的人虽多，但取得成功的人却很有限，其根本原因就在于此。优越的就业环境是创业者的负担，把握创业机遇必须坚持弃旧图新原则，以不惜牺牲过去自己所拥有的一切的精神，义无反顾地投入到创业的洪流中去，去拥抱更加美好的明天。

2. 捷足先登

兵贵神速，刻不容缓，就是捷足先登原则。以"只争朝夕"的精神，当仁不让，处处领先。

机会的易逝性特征决定了这一原则。机会生命短暂，一去不回。机会来了，是不能等的。等就意味着失去机会。另外机会是很容易贬值的，它会随着时间的流逝而不断磨损掉含金量，最终会变得一钱不值。况且机会是属于社会共有的，它没有专利，它只会给最先发现和利用它的人带来运气。对于创业机遇来说，常常不是做好了充分准备再干，而是先干起来再做准备。准备充分，万无一失，当然创业不会有什么太大的风险，但这时最好的机会却可能已经失去了。最早干起来的人虽然缺乏准备、困难很多，但由于他们抓住了最佳的创业时机，以快打慢，出奇制胜，最终反而会取得成功。这就叫"先下手为强，后下手遭殃"。所以，善于把握机遇的人都是最先抓住机会并及时利用的人，他们总是走在时代的前头。

这一原则要求创业者树立"敢为天下先"的观念，解放思想，勇于开拓，敢于做第一个吃螃蟹的人。对机会的反应快速敏捷，毫不迟疑，对机会的处理坚决果断，毫不含糊，该出手时就出手。"三思而后行"的态度用在创业中是不合时宜的。

3. 贵在行动

行动是把握机遇的关键。没有行动，一切机遇都等于零。毛泽东有过一段精辟的论述："如果有了正确的理论，只是把它空谈一阵，束之高阁，并不实行，那么，这种理论再好也是没有意义的。"同理，如果有了机遇，只是把它赞美评价一番，放在一边，并不利用，那么这种机遇再好也是没有价值的。可见，利用就是行动，把握机遇必须坚持贵在行动的原则。

创业的可贵之处正是行动。有的人喊了多年创业也不见有所行动，到头来还是吃着"公家饭"，端着"铁饭碗"。这里有一个重要的原因就是创业对人的一生和家庭的影响可以说是利害攸关，人们不得不对它采取慎重的态度，这也是我们坚持"贵在行动"原则的依据所在。

"实践第一"的唯物主义观点也是对任何机会主义的否定。它认为，在行动和机遇的关系中，行动永远是第一位的，机遇则是第二位的；行动可以发现机遇、抓住机遇，而机遇只有依赖行动才能体现出它的生命价值。机遇一旦离开了行动，就无法存在。作为一个创业者，要想成功地把握机遇、开展创业活动，必然要树立"行动第一"的观点，在机遇到来的时候，应该积极采取行动，充分利用机遇和各种机会发展事业，而不能坐而论道、纸上谈兵。没有行动的人也许可以成为理论家，但永远不会成为创业者。

4. 扬长避短

扬长避短就是利用能充分发挥自己的特长和优势的机会，避免利用自己没有把握和难以驾驭的机会，在创业的道路上争取主动地位，减少无谓牺牲。把握机遇需要主动出击，但主动出击是有条件的，不是说无论对什么机会都要抓住不放、马上利用。因为机会是多种多样的，也是因人而异的，有的机会适合你的事业，有的机会却不一定适合。而创业者的情况也是各不相同的，都互有长处和不足，即使是满腹经纶的博士、资金雄厚的大款也不能例外。同样的机会用于不同的创业者，必然产生不同的结果。机会来了，不管三七二十一，先利用起来再说，这样很难说会有好的结局。创业是项艰难的事业，它需要利用各种可以利用的机会以促使成功，但如果利用这种机会不能使你的优势得到发挥，也不能使你的不足得以弥补或避免，那就宁可不用，也不宜滥用。那样非但不会促使你的事业成功，相反还可能会推迟你的创业进程，造成欲速不达的结局。而扬长避短、顺势而为地把握机遇，能保证我们对机遇的利用质量，使我们充分利用一切有利因素、克服一切不利因素，加快创业速度，争取成功的早日到来。

任务小结

本章从创业的概念入手，通过对创业的含义、特征和类型的阐述，解释了"什么是创业"这一基础性问题；根据人的需要理论，讨论了创业产生的必然性；根据社会发展理论，论述了创业发展的可能性，从而阐述了创业产生和发展的规律性。最后，从创造财富、实现技术转化、增加税收、提供就业机会4个方面，总结了创业对社会的作用。

本章分享了创业者的概念、特征、类型、社会地位与创业者的基本条件。

本章从3个方面分别探讨了创业的机遇问题：一是对创业环境做了客观分析。阐述了什么是创业环境，创业环境所具有的4大特征和创业环境对创业活动的作用等问题。主要说明了环境是创业的舞台、任何创业活动都不能脱离环境而独立存在的唯物主义观点；二是对创业机会进行了全面考察。探讨了机会的内在含义和表现形式，机会的特征及形成规律，并阐述了机会对创业的意义。旨在解决要把握机遇，首先要正确地识别机会这个问题；三是从服从客观环境的规律、利用机会的方法、把握创业机遇的原则3个方面，回答了如何把握创业机遇的问题。

思考与练习

1. 什么是创业？它有哪些基本特征？
2. 试述人类创业活动产生与发展的必然性和可能性。
3. 创业有哪些作用？为什么说创业是历史前进的车轮？
4. 什么是创业者？
5. 诚信对创业者的重要性有哪些？
6. 你认为作为一个创业者需要具备哪些素质和能力？如果你打算创业，你认为自己有何优势与弱势？如何扬长避短成功创业？
7. 什么是创业环境？它有哪些表现形式？
8. 假如你打算自主创业，你将怎样理解创业环境中利益与风险同在的特征？
9. 谈谈你对个别机会的理解。
10. 从机会的形成规律中，你悟出了什么哲理？你是否认为机会就在你的身边、在你一伸手就能够得着的地方？
11. 为了迎接创业机遇的到来，你该如何准备？

技能拓展训练

项目一　自己是否适合创业

实训目的

"创业"是一个充满成就感、诱惑力的词语，但并非每一个人都适合走这条路。美国健康维护组织（HMO）协会设计的一份问卷可令你在做出决策前对自己有一个初步的了解。

实训内容与要求

问卷内容：

（1）在急需做出决策的时候，你是否在想："再让我考虑一下吧？"
经常□　　　有时□　　　很少□　　　从不□

（2）你是否为自己的优柔寡断找借口说："是得好好慎重考虑，怎能轻易下结论呢？"
经常□　　　有时□　　　很少□　　　从不□

（3）你是否为避免冒犯某个或某几个有相当实力的客户而有意回避一些关键性的问题甚至表现得曲意奉迎呢？
经常□　　　有时□　　　很少□　　　从不□

（4）你已经有了很多写报告用的参考资料，但仍责令下属部门继续提供？
经常□　　　有时□　　　很少□　　　从不□

（5）你处理往来函件时，是否读完就扔进文件筐，不采取任何措施？
经常□　　　有时□　　　很少□　　　从不□

（6）你是否无论遇到什么紧急任务都先处理琐碎的日常事务？
经常□　　　有时□　　　很少□　　　从不□

（7）你只有在巨大的压力下才肯承担重任吗？
经常□　　　有时□　　　很少□　　　从不□

（8）你是否无力抵御或预防妨碍你完成重要任务的干扰与危机？
经常□　　　有时□　　　很少□　　　从不□

（9）你在决定重要的行动计划时经常忽视其后果吗？
经常□　　　有时□　　　很少□　　　从不□

（10）当你需要做出可能不得人心的决策时，是否会找借口逃避而不敢面对？
经常□　　　有时□　　　很少□　　　从不□

（11）你是否总是在快下班时才发现有要紧事要办，只好晚上回家加班？
经常□　　　有时□　　　很少□　　　从不□

(12) 你是否因不愿承担艰苦的任务而寻找各种借口？
经常□　　有时□　　很少□　　从不□

(13) 你是否经常来不及躲避或预防困难情形的发生？
经常□　　有时□　　很少□　　从不□

(14) 你总是拐弯抹角地宣布可能得罪他人的决定吗？
经常□　　有时□　　很少□　　从不□

(15) 你喜欢让别人替你做自己不愿做的事吗？
经常□　　有时□　　很少□　　从不□

计分：
"经常"得4分，"有时"得3分，"很少"得2分，"从不"得1分。

成果与检测

50分以上　你的个人素质与创业者相差甚远。

40~49分　你不算勤勉，应彻底改变拖沓、效率低的缺点，否则创业只是一句空话。

30~39分　大多数情况下你充满自信，但有时会犹豫不决，不过没关系，有时候犹豫是成熟、稳重和深思熟虑的表现。

15~29分　你是一个高效率的决策者和管理者，更是一个成功的创业者，具有良好的心理素质和坚韧不拔的毅力。

项目二　创业能力测试

实训目的

许多人都想通过创业实现自己的梦想，但是你具备创业的能力吗？通过下面的测试就会对自己有一个初步的判断。

实训内容与要求

测试内容：

(1) 你是否善于激励自己？
A. 是　　B. 否

(2) 你经常畅想自己的想法，并立即行动吗？
A. 是　　B. 否

(3) 你认为现在你的朋友比一般人多吗？
A. 是　　B. 否

(4) 你认为你的创业想法很棒，通过实践后一定能达到预期的目的吗？

A. 是　　B. 否

（5）为了你的事业，有时需要超负荷地工作，你愿意吗？

A. 是　　B. 否

（6）你是否曾经为了某个理想而制订多年计划，并且按计划实施直到完成为止？

A. 是　　B. 否

（7）你是否能在没有父母及老师的督促下就自动地完成某项任务？

A. 是　　B. 否

（8）你小时候有从事过买卖的经验吗？

A. 是　　B. 否

（9）你是否能够专注地投入个人兴趣浓厚的事情中，并连续坚持10个小时以上吗？

A. 是　　B. 否

（10）必要时你能让别人代替你工作吗？

A. 是　　B. 否

（11）为了创业你愿意放弃工作与生活的平衡吗？

A. 是　　B. 否

（12）你是否会为了赚钱而牺牲个人娱乐？

A. 是　　B. 否

（13）你认为你有足够的耐心吗？

A. 是　　B. 否

（14）在工作中你是一个受欢迎的人吗？

A. 是　　B. 否

（15）你喜欢在残酷的竞争中生存吗？

A. 是　　B. 否

（16）你是否能独自完成自己的工作？

A. 是　　B. 否

（17）你认为自己是个理财高手吗？

A. 是　　B. 否

（18）你认为你的创业计划一定能成功吗？

A. 是　　B. 否

（19）当你需要帮助时，你是否能满怀信心地说服别人来帮助你？

A. 是　　B. 否

（20）你是否能给别人留下良好的第一印象？

A. 是　　B. 否

成果与检测

选择"是"的数量在15个以上：你的创业能力很强，你行事果断且有行动力，具备创业的素质及条件，有力压群雄之势，只要把握好机会，你的成功概率很大。但切记要因事立意，防止过于求胜反其道而行。

选择"是"的数量在 11~14 个：比较适合创业。你的创业意识较强，创业时谨防焦躁，应从基础出发，脚踏实地，从小事做起。有时遇到问题过于犹豫，往往会失去好的发展机会，因此如果有人指导，你的成功概率会更高。

选择"是"的数量在 10 个以下：你基本不适合创业，做好你现在的工作更适合你。

给创业者的三个忠告

第一个忠告：可以先想再做，可以边想边做，也可以做了再想，但绝对不可以只想不做。

第二个忠告：创业不一定非要有宏大的高新科技项目或完善的商业计划，传统领域也是毕业生创业的良好土壤。

第三个忠告：商机永远在你身边，如果你足够敏感而且足够务实，就可以从脚边拾到第一块金。

任务二　电商创业计划书与电商创业运作流程

学习目标

1. 掌握创业计划的基本含义
2. 了解创业计划的内容、程序
3. 了解电商创业运作流程

技能目标

1. 提高电商创业者对创业计划的理性认识
2. 帮助电商创业者科学地编制创业计划书
3. 掌握电商创业运作流程细节以及注意事项

能力目标

1. 能够编制适用的创业计划书
2. 了解电商创业相关知识并能够运用到实际生活中

素质目标

1. 培养学生的团队协作精神
2. 培养电商创业者执着、灵活应变、吃苦耐劳、脚踏实地、雷厉风行的素质,以及有良好的商业道德和责任感

职业能力目标

1. 提高解决电商创业现实问题的处理和应变能力
2. 通过了解电商创业运作流程,发挥学生的特长,拓展就业及创业渠道

案例导入 "90后"音乐系女生跻身年销过亿的淘宝店主之列

每到大学毕业季,除了去公司上班,很多大学生也会想要自己创业。大学生电商创业还有多少机会?这里先讲一个淘宝店的故事。

假如一切按部就班,"90后"姑娘陈暖央本该从杭州师范大学毕业后成为一名音乐老师,教孩子们跳舞唱歌。

考研后,由于主修专业对身形要求很高,她选择节食,结果恶性循环,瘦得皮包骨头,还患上失眠症。一位健身教练的话让她的人生轨迹从此改变:"你想不想改变自己?不仅让体质变好,也让身材和精神样貌变好?"

从此健身变成陈暖央生活里不可或缺的一部分。坚持锻炼后,"马甲线""人鱼线""腰窝"等所有标志性的线条随之而来。陈暖央在网上渐渐走红,如今她的粉丝已经达到110万。

在当今淘宝的大环境下,选择巨头林立的服装类目作为切入点无异是以卵击石,所以陈暖央选择了"女性健身服饰"这个非常细分的类目,大学还没毕业她就创立了自己的淘宝店铺"暴走的萝莉"。

"暴走的萝莉"创立于2014年,尽管当时淘宝上运动服饰类目市场竞争激烈,陈暖央却以后来者的身份,在2015—2016年短短两年间完成了销售额7 000万元到1.5亿元的翻倍奇迹。目前"暴走的萝莉"在淘宝开有3家店,最初的淘宝C店已经是3个金冠的大店,企业店铺也拿到4个皇冠,还成功进驻天猫平台。

讨论:结合大学生电商创业大环境,简要谈谈大学电商创业有哪些机会。

第一节 电商创业计划书

创业计划书是创业者创立业务所立下的白纸黑字的书面内容。一份计划书的质量一般情况下就决定了你是否能在人力、财力、物力方面得到各种支持。

电子商务(Electronic Commerce)是利用现代化的高科技技术如计算机技术、网络技术等,达到商务(买卖)过程中的无纸化、数字化和网络化。相对于传统商务方式来说,电子商务是一种先进的商务方式。在实践中,电子商务涉及4个流程,即商业交换、信息交流、资金流动和物品流通,从广义上来讲,还涉及企业之间关系的建立以及企业内部信息处理。从工作角度来看,电子商务可以从事的工作很多,可归结为软件、硬件、国内、国外等大的方面,具体包括网上贸易相关,市场及网络营销相关,物流相关,网站平台规划、建设与运营相关等工作内容。

微观上的电子商务就是依托信息技术手段进行商品交换的商务活动。简而言之,电子商务就是传统商业活动各环节的电子化、网络化、信息化。宏观上的电子商务就是商贸活动在全球范围内进行,具有网络开发、信息共享、买卖双方不谋面等特点。

在如今高速发展的信息时代，经济的前进脚步离不开网络和信息技术的推动，而在这个时代的电子商务无疑处于最好的发展时期，因此电子商务也成为各个国家和企业赚取 GDP 的焦点。在这种趋势下，电子商务的发展空间也变宽了许多，对它的要求也不断增多。面对当下的这种趋势，电子商务存在着很大的可发展空间，主要分为 3 种：①网上商城的内容丰富、范围增加；②实体店转换为网店；③原有电子商务公司建设的网上商城。

当一个创业计划开展时，融资环节是至关重要的一步，而创业计划书就是主要中介之一。创业计划书的主要内容是假设创立一个企业所需要具备的内外部条件，它能为业务的开展提供指示和决策的依据。

编制电商创业计划书的主要目的是通过把它反映的内容递交给投资商，让他们从中发现突出优异的地方，达到我们融资的目的，它是较为完整的商业计划。通常，创业计划是包含了营销、财务管理、生产制造、人力资源等职能计划的综合商业计划。电商创业计划是创业者的"外衣"，俗话说"人靠衣装马靠鞍"，外在美虽不是起决定性作用的东西，但第一印象留好总是不会错的。

创业计划应该写得尽量详尽，但是又不能过于拖沓、条理不清，它应该包括以下几方面的内容。

一、封面

封面要求干净整洁，内容简洁明了，画面清晰美观。艺术气息浓厚却不显浮夸，大方得体，给别人留下美好的第一印象。

二、概要

电商企业计划概要重点解释电商企业计划的各部分内容的要点，勾画出电商企业内容的粗略情况。概要的内容要全面，条理要清晰，它浓缩了创业计划书的精华，它是新企业给人的第一印象。

概要包含计划的主要内容，应当简洁清晰，以便投资者能快速理解其中的内容，以便做出决策。概要部分主要陈述以下方面：公司简介、组织及构成、主要产品和业务范围、市场现状、营销策略、销售计划、生产管理计划、财务计划、资金需求状况等。

在计划概要部分，企业必须明确下列问题：

(1) 所处的行业，经营的性质和范围；
(2) 主要产品的内容；
(3) 市场在哪里，谁是企业的顾客，他们有哪些需求；
(4) 合伙人、投资人是谁；
(5) 竞争对手是谁，竞争对手对企业的发展有何影响。

概要应尽量简洁明了，要详细说明与其他企业相比占优势的市场因素。要求内容明确，创业者要十分熟悉应做的事情。概要不宜太多，如果创业者对自身定位都不清楚，内容再多也无法使人明白。因此，简洁明晰的概要会成为有些投资者审判的标准。

小贴士

投资人阅读商业计划书时都喜欢先看前两页的概要。如果你的概要像一份简明的营销单,文字分栏排列,搭配一些相关的图片,就能更好地吸引投资人的注意力。

三、企业构思

这部分的重点是如何制定公司的战略目标和公司理念,重点要说明公司产品或服务主要针对哪部分消费群体。目的不是描述整个计划,也不是提供另外一个概要,而是对企业做出介绍。

投资人在进行项目投资风险分析时比较关心的问题之一,就是风险企业的产品(服务)能否帮助顾客节约开支,或者能否以及在多大程度上解决现实生活中的问题、增加收入。因此,创业计划书中需要对产品的描述着重进行分析。通常,产品介绍应包括以下内容:产品的意义、作用及特点,重点介绍产品的市场环境因素,产品的开发和发展运营,生产新产品的计划报告和成本预测,对产品未来市场的估计分析,产品的品牌和专利。产品或服务描述的主要内容比较具体,因而写起来相对容易。虽然凸显自己产品的优势是必不可少的,但是需要记住,我们所承诺的每一个即将达到的预期效果都应实现,否则就是欺骗消费者。我们需要明白,创业者和投资家所建立的是一种长期合作的伙伴关系。口说无凭、胡编乱造只能得意于一时。如果企业不能兑现承诺、不能偿还债务,企业的信誉必然会受到极大的损害,这是真正的创业者所不屑的。

四、市场评估

任何生意都是通过满足顾客需求而获取利润的。创业计划书中对市场的大小、未来的前景,以及顾客和竞争对手都要进行调查和了解。电商市场营销计划主要说明该产品的市场推广现状,对市场发展阶段、潜力和区域进行判断。描述目标客户、负责部门、采购模式、决策流程等信息,通过主要政策规划体现客户的需求并对客户的需求特点进行分析。针对特定顾客群介绍产品或服务的特点、价格、销售渠道和促销方式,一般从目标顾客及潜在顾客描述、市场容量或本企业预计市场占有率、市场容量变化趋势及前景、企业的优势劣势分析4个方面来进行市场评估。

在市场容量调查中,第一,需要了解同类产品在目标市场中的产品对比分析、市场营销情况描述,包括销售的具体数字和品牌、规格、来源、生产厂家、价格。再以寻找出过去和现在发生的变化情况为目标,并根据当地有关统计人口和社会经济的统计数据,预测将来可能发生的变化。预测该产品主要采用哪些推广方式以及具体的推广计划,包括样品、试点、媒体、活动等。第二,市场评估也不能忽视当地生产状况和市场需求,还需进行市场统计,统计出当地同类产品的生产数量和可能发生的变化、当地同类产品的就地销售数量、当地的工资收入水平、风俗习惯和消费习惯等,综合分析产品今后的消费变化趋势。第三,着重调查同类产品在当地的年消费数量、消费者范围和产品的消费用途,以及具有哪些竞争性代用品等因素。第四,调查出产品在当地市场上的生命周期现状,并结合相关因素综合分析和推断出产品今后消费情况的变化趋势。产品的生命周期状况分为五个阶段,第一个阶段:导入期,产品刚刚开拓新的市场,不定因素太多,销售增长缓慢;第二个阶段:增长期,逐渐掌握产品营销方式,适销对路,销售量在一定时期内得到明显的提高;第三个阶段:成熟期,产品销售量已经达到一个顶端,销售量增加幅度不明显,并有迹象表明产品销售即将下降;第四个阶段,停滞期,产品销售已达峰点,并逐渐发生缓慢下降;第五个阶段,衰退期,产品销售量也持续下降,市场对产品的需求已经到达饱和状态。几乎所有的产品都会以相同或不同的形式面临生命周期的五个阶段,根据产品类型不同,产品生命周期的变化速度各不相同。因此,查明产品在市场周期中所处的阶段至关重要。此外,当产品面向新市场之前,企业首先要进行市场预测。如果预测的结果并不乐观或者预测的可信度让人怀疑,那么投资者的风险自然就增大了,这对多数风险投资家来说都是不可接受的。

五、企业组织

企业的法律形态、组织结构、领导层和员工的职责是组建新兴企业的重点。人力资源管理、技术管理、财务管理、作业管理、产品管理等是企业管理中的重要组成部分,人力资源(HR)在其中扮演着尤为重要的角色。社会现状告诉我们,人身上的资源是无穷的,有效地把握好人这种资源是企业成功的重要因素。企业要管理好这种资源,就要遵循科学的原则和方法。

在创业计划书中,需要对管理人员进行一个简单的介绍说明,讲述他们的工作范围及工作能力,以及他们在本企业所扮演着什么样的角色、他们过去的详细经历及背景。当然,企业的组织结构在计划书中也是必不可少的。这部分的具体内容主要有:企业的人事安排结构图;各部门负责范围以及享有的权利;各部门的领导人及重要组成人员;企业的薪酬待遇;企业的股东名单,包括认股权、比例和特权;企业的董事会成员;各位董事的背景资料。

六、企业财务

财务管理状况是企业的重点管理内容,其中包括现金流量表、资产负债表以及损益表的制备。流动资金是企业开展运作的重中之重,因此企业自开始运营之初就应对资金的流动状态具有较好的把握,并且应保证账面有较大余额应对突发状况;损益表则是企业收入状况的晴雨表,是企业运营后所收效益的最直接反映;资产负债表则反映某一个时段企业的经营情况。投资者可以根据资产负债表数据的分析结果来衡量企业的经营状况以及可能的投资回报率。财务规划一般应包括以下内容:

(1) 创业计划书的条件假设。

(2) 预测资产负债表、损益表、现金收支分析以及资金的来源和使用。

一份创业计划书大致说明了创业者初步融资应该做的事情,而企划书中的财务规划则是有力支持。如果财务规划的说明不够有说服力,会给投资人员留下缺乏经验的印象,降低企业本身的价值,也会增加企业的经营风险。如何更好地制定财务规划,首先取决于风险企业的远景规划——是为一个新市场创造一个新产品,还是进入一个财务信息较多的已有市场?

着眼于创新路线的创业企业不可能参考现有市场的数据、价格和营销方式。因此，对于自己即将进入的新市场，企业将获得的利润、存在的收益都由自己来预测。而准备进入一个已有市场的风险企业则可以很容易地说明整个市场的规模和改进方式，风险企业可以在获得目标市场信息的基础上，对企业头一年的销售规模进行财务规划。

企业的财务规划应保证和创业计划书的假设相一致。事实上，财务规划是具有交叉性的，它和企业的生产计划、人力资源计划、营销计划等是密不可分的。完整的财务规划必须准确回答下列问题：

(1) 产品在每个期间的产量有多大？
(2) 什么时候开始产品线扩张？
(3) 每件产品的生产费用是多少？
(4) 每件产品的定价是多少？
(5) 使用何种分销渠道？预期的成本和利润是多少？
(6) 需要雇用哪几种类型的人？
(7) 雇用何时开始？工资预算是多少？

七、附件

创业计划书提供的信息越详尽，获取帮助的机会就越大。所以，申请哪种营业执照、产品或服务目录、价格表、岗位责任和工作定额等细节信息都应该附在企业计划书后。

上述几点内容是一般情况下企业计划书需要包含的内容，企业也可以根据类型选用适合自己情况的格式来编写创业计划书。

小贴士

编制创业计划书时要注意保护你的商业秘密。当前很多大学生将自己的电商创业项目编写成创业计划书参加各类电子商务创业计划大赛，对创业计划书公开查读、公开附议。创业热情是必要且可以理解的，但是真正的创业计划书是要有所保密的。

计划书中的用词、用字、标点和相关的数字计算都要十分准确。应尽量用简单而准确的词语来描述每件事。段落要清晰，逻辑层次要清楚。该用图表说明的地方应该用图表说明，体现出创业者的创业能力。

要事先做好充分的市场调查。要知道，创业计划不是"写"出来的，而是"做"出来的，只有"做"好市场调查，你的创业计划才有准确的数据、才有说服力。

充分了解目标读者的主要需求。对于亲戚朋友、天使投资人来说，一份简单的创业计划可能就够了，但如果想吸引银行或其他金融机构、风险投资人的投资，那么，一份精心准备的创业计划书是必需的。

【阅读链接1】

创业方案取胜要诀

准备创业方案是一个展望项目的未来前景，细致探索其中的合理思路，确认实施项目所需的各种必要资源，再寻求所需支持的过程。

创业内容不同，创业方案之间的差异也很大，创业者只能根据各自风险创业的性质和特点、根据创业方案的听众特点，以及各个团队的独立判断来设计创业方案内容和结构。

下面是美国麻省理工学院斯隆管理学院在创业方案大赛中积累的取胜诀窍：

1. 组建一个包括技术人才和管理人才在内的具有综合性技能的团队；组建起来的团队成员每人都能力十足，堪称创业家，同时又能灵活、协调、有效地工作。这是历届胜出团队的经验总结。

2. 开发出一种盈利模式，而不仅仅是一项发明。"仅仅说明你的产品或服务的性质还不够，还要清楚地阐明'谁、为什么、在哪里、什么时候、如何做'这些关键问题。技术方面的东西不论如何具体，都不能取代清楚明确的市场营销方案。"这是往届胜者的经验之谈。"你这是一件技术发明，而不是一种盈利模式。"评审专家在淘汰一项创意时如是说。

3. 从各方面人士那里获取忠告，不论他们是同学、教师，还是竞争对手或家庭成员。

4. 分析顾客：他们在寻找什么？

5. 分析竞争对手：你有什么他们不及的长处？

6. 展示你有能力获得一种持续的、有竞争力的优势，如你能够设立市场进入障碍或是拥有自主知识产权，使得对手们无法夺取你的市场。千万记住告诉评审专家们哪些人是你的顾客、他们如何能够从你的产品或服务中得到好处。

7. 文字要直接、中肯，记住，评审专家会认真阅读你提交的文字。要花费足够的时间和精力来撰写你的创业方案提要和创业方案全文，要竭尽全力，要严肃认真对待。

8. 制订你的创业方案和时间安排时一定要实事求是、有根有据，注意避免好高骛远、不着边际。

9. 不要刻意在技术方面、质量方面和价格方面展开竞争。

10. 评审专家就如同潜在投资者，能够吸引他们的是你如何分析出一大片市场空间，他们喜欢的是潜力巨大、增长快速的业务。如果你学到的是如何创造一项业务，那你就已经获胜了。

【阅读链接2】

盘点大学生创业易失败的15大根本原因

大学生创业教育的目的不是教会大学生多少创业方法，而是培养一种真正的创业意识。中国人的创业条件不比外国人差，我们唯一缺少的就是他们那种独立、有创造力的性格。要改变一个民族的观念并非一朝一夕，因为观念是一种相对稳定、牢固的意识。比如中国人常说"枪打出头鸟""出头椽子先烂"——凡事不敢实践，害怕风险，这在许多人头脑里都是一种非常明确的意识；又如从众意识也是一种害怕风险的意识，人们相信跟着大多数人就能安全；再如很多人有着根深蒂固的"门当户对"的门第意识。从这几个例子中，我们今天可以一眼看穿其世界观的本质是自私的、保守的、狭隘的。不是出生在改革开放的时代就一定具有开放的意识，不是受了高等教育就一定具有民主意识。正像毛泽东说过的："人的正确思想不是从天上掉下来的。"

大学生创业是一个普遍现象，而大学创业失败也是一个很常见的问题。其实大学生创业的过程中是有一定普遍规律的，导致大学生创业失败的原因和规律有以下方面：

原因一：经验不足，相信一面之词。大学生的创业经验比较少，社会阅历也不高，在面对一些说辞的时候总是很容易轻易相信，所以相信别人的"一面之词"的现象比较多。这种轻易相信别人的思维很容易导致最终的失败，因此，大学生创业时给自己多留个心眼是很关键的。不管是面对自己员工还是自己的合作伙伴，都要多考虑一些。

原因二：过多相信理论。高学历的创业者往往有纸上谈兵的倾向，他们把各种营销曲线模型和时髦的商业模式理论背得滚瓜烂熟，可移植到了本土商业实战上却寸步难行。

任何理论都有其边界和适用范围，特别是在中国处于转型期的市场经济初级阶段、商业生态极端复杂的现实面前，亦步亦趋地套用西方经济学模型显然是不行的。比如，谈到营销，那些4P、4R、4S理论很难有太多实际用处，反而关系、渠道是制胜法宝。再比如，大学生可能掌握了N种商业计划书融资模式，但对于刚刚创业的公司而言，真正在资本市场上拿到风险投资的可能性略胜于无。

导致这种局面的根源，就在于部分大学生过于盲目地相信创业理论，而忽略了实践的作用。

原因三：总是"一厢情愿"。年轻人大多有一种不服输的精神，面对一些事情的时候态度也会很积极，但创业者一定要有一种批判性思维，自己要勇于跳出来做自己的对立面，才能看到项目的全貌和真相。

原因四：过于相信偶像。年轻人都容易将某个成功者当成偶像，并盲目地跟随，从而不会从自己的创业实际环境出发，这也是导致大学生创业失败的主要因素之一。

创业者一定要因事因地独立自主思考和判断，对那些成功案例使用的方式方法也要用辩证的、批评的眼光去看待，不可简单照搬。

规律一：以你现有的经验、能力、资源、资金等，考虑你是要做一名"商人"还是"法人"，做商人只需自己有能力，做法人则要依靠运营系统。如有可能，最好做到在外是商人，在内是法人。

规律二：无论你是做商人还是法人，首先要进入相对朝阳的产业。须记住：大多数企业死在了行业选择的决策性失误里，还有一些企业则死在了一直建不起来的企业系统里。

规律三：应考虑你所长，进入你熟悉的领域，不要全力投入你不熟悉的领域。如果实在要做不熟悉的领域，应做好充足的资金准备、充分的勤奋准备，以及具备相应的得力人手，否则不如及早退出。

规律四：进入一个市场前，最重要的是要考虑你想解决什么问题、有多大空间、对手怎样、你应在何时用何种方式来解决问题。如果资金不多，抓紧时间寻找盈利的现金点和小模式，不可恋战。

规律五：用较长的时间来寻找适合的股东，不可侥幸；所谓"成也萧何，败也萧何"，一个人做的风险远小于与不适合的股东合伙。创业的掌盘者应宽容、积极、善待你的股东。

规律六：公司开始运营后，创业者当身先士卒；有20人时，根据二八定律，应有4名骨干，掌盘者居中协调；有10来名骨干时，帅、将、兵应培养上，同时掌盘者自己退居幕后，继续扶持、严管。

规律七：管理就是奖和惩，再加企业文化的润滑。管理没有捷径，你投入得越多，你的根基就越深，同时系统也能枝繁叶茂。领导者要建机制，管理者首要的则是管目标，其次是管人。

规律八：领导者是开局者，管理者是服从者。领导者要能听懂人言，善于纳谏，但要一个人拿主意，因为风险都是需要你来承担的。决策既定，则要说服沟通后贯彻执行，不可朝令夕改。

规律九：领导者最重要的4个素质：洞察力：缺乏洞察力则难以判断人和事；全局能力：缺乏全局能力则难以平衡人和事；用人能力：不会用人的领导者将自己累死工作也做不完；影响力：如果经常被别人影响而不能影响别人，那就不是领导者。

规律十：企业家的四要素：梦想：有梦想才有方向和目标；激情：有激情才有行动力、有影响力；冒险：凡事走在前，成功概率越大，竞争越激烈；责任：责任使你自律和坚韧。

规律十一：对于小企业融资来说，压上游和下游资金是上上策；降低成本、用预期换现值，出租房屋是上策；找银行和机构贷款是中策；私人借款、内部集资是下策；信用卡透支、典当是下下策。

在很多方面都流行一种说法，就是"好奇害死猫"。但对创业者来说，要多尝试，只有创新才可以发展。过多地迷信偶像、沿着别人的路子去走、复制别人的成功经验是很危险的。到达成功的路途有很多种，但复制照搬是最容易失败的。现在全世界的目光都在注视着中国的大学生，从他们身上预测着中国的未来。大学生有勇气创新、创业，中国的发展才能后继有人。大学生创业教育的最大意义就在于改变人的意识，这不是一代两代人的问题，我们要培养起来的是一种民族的创业精神。

第二节 电商创业运作流程

在中国经济的转型时期,李克强总理提出了"大众创业、万众创新"的号召,各地政府纷纷响应,相继推出了各种支持社会民众进行创业的活动和政策。随着互联网在中国经济和人民日常生活中的不断深入、渗透,电商开始在中国快速发展,2015年12月16日在浙江乌镇召开的第二届世界互联网大会意味着中国电商创业高潮的来临。

一、电商创业运作流程

1. 创业的切入点要准,前期可行性分析要足够充分

选择大于努力,但选择的背后应该是充分的调查研究和分析。对于大学生创业者这种没有强力的运营、没有大类目供应链优势的团队来说,不要盲目去碰红海的大类目。选择创业切入点的时候一定要综合考量自身的优势,产品、团队、市场竞争情况等都要考虑在内,有数据的应尽量通过数据进行分析。

准备项目并考虑合伙人的时候,一般来说,在解决信任问题后,可以考虑与有较好知识背景、有一定的创业动力、有富余时间的人选进行合伙,至于专业互补等问题可以靠招聘解决。

此外,开店定位要准确,即使创业领域是小类目,也还要细分市场。创业团队除了考虑自身的优势外,还要考虑细分市场的利润空间,这会决定创业初期能否坚持得下来。起步阶段管理的几个重点环节也要掌握好,如财务透明化、分工的明晰化、合伙人的互补性等。

2. 产品线及团队线扩张要及时,压缩"0到1"进化到"10到100"的时间

(1) 要尽早布局产品线。从求稳的角度上看,店铺的产品要尽量有一定的宽度和深度,一方面不能吊死在某一两款产品上,及时拓展相关的商品是很有必要的,尽量形成小爆款群;另一方面,相关产品应尽量是有互通的,能够带来关联销售。

(2) 股东要从"亲力亲为"尽快过渡到做"甩手掌柜"。一旦引入员工,生产力就会得到提升。队伍超过10人,对团队的管理就要讲究方法了。"超过10人的团队就不可能扁平化",这个时候一定要开始区分普通员工和管理岗位。不然的话,让老板每天把工作交代给每个员工,既没有效率,也无法全面顾及。公司负责人通过抓住几个主管,就能把握住整个公司的运作。

团队扩大以后,股东面临角色的转变。创业初期,股东本人会承担很多日常性的工作,而当团队逐渐建立起来则会发现很多工作其实员工比股东更加胜任。这时候,股东身上兼任的一些工作要尽快分出去,给更适合的员工去承担。

合伙制的公司里,一定要防止不专业的股东什么事都要管,这样会严重地拖公司后腿,公司掌盘者要不断给其他股东灌输这种意识。小公司必须要有一个领导者能把握全局,谋划要敢于独断,什么事都民主商议会失去很多市场机会。在分配上要确保股东的利益,即所谓的"谋不可众,利不可独"。

从"0到1"发展的时候,合伙人的勤奋、事必躬亲都是好事,但自身管理水平、专业度、观念等综合素质如果跟不上,就极有可能制约企业从"10到100"发展的进程,甚至引起合伙制的解体。

在公司从"10到100"的进化阶段,不合适现有岗位的股东应逐渐退出(这也需要股东能看到自身的局限,主动退出,否则就需要一把手的强力主导),要明确区分股东与岗位工作,是纯粹股东就回家按股份比例拿分红。如果股东要参与岗位工作,必须一切都听从公司的统一安排,听从其他管理人员的调度,总之要将股东与岗位工作严格区分开。

把公司掌盘者解脱出来,这样他才有精力来考虑战略层面的规划,而不会陷入埋头苦干的低效率陷阱,企业的发展才会超乎想象地跨上一个新台阶。简单地说,就是摸清楚了从"0到1"的模式后就要尽快复制,使企业迅速过渡到"10到100"的阶段。

3. 定计划又不唯计划,管理宽严度要适时调整

(1)定计划要有余地,不能走独木桥。不管企业做到什么规模,都要有新品优选顺序的概念,应综合产品销量、销售渠道、竞争度等多种因素来综合考虑新品优选。可定期让相关人员开会讨论新一批产品的入市的优先顺序,也要考虑是否一次性铺开一个或多个新品。

(2)供应链多样化。供应链的重要性不言而喻,缺货、断货、产品质量问题这些都是致命的。所以在供应链上一定要尽量多样化,多备几个同类型的供应商,与服务好、能议价的供应商多合作,能与某些中小型厂家达成战略共赢更为重要。谈判是一种长期的互动过程,合作双方都在互相筛选新的合作伙伴。

(3)团队管理讲究策略。小公司前期招人、留人都不易,特别是花时间培养员工后再流失就更可惜,但这也是市场的普遍现象。所以团队管理的宽严度要依据公司发展的情况来调整。当公司处于小团队、不稳定的时候,管理上可以有较大幅度的"宽松"。

既在制度上松(比如上班时间、费用报支),也在薪酬上宽(如某初创公司的客服平均月薪超过5 000元,最高1.6万元,超出行业平均值很多)。

团队规模相对稳定,有一定的中层人员帮忙管理时(团队超过10人),这时候要敢于淘汰"老油条"和不听话的普通员工,把制度和薪酬重新调整到市场平均水平线上来。

对于团队稳定性的管理,可以做模拟股权的尝试,如设立AB两种模拟股权。模拟股权A是让员工出资购买模拟股权,可随时退出。公司承诺每5 000元满一年即兑现1 000元的分红,每人限购2万元,相当于变相给员工发福利。

A型股权是需要员工出资的,B型股权则是企业发放的。模拟股权B即公司承诺给员工×××元,但员工必须在收到模拟股权B通知单的半年后才能向公司领取,这种方式可以较大程度地留住核心员工。

4. 求稳,多渠道布局"由轻变重";求进,不断更新知识层面

(1)发展上扩大规模、扩充渠道。拓展多个新的渠道,包括线上和线下、国内和跨境。例如,这一时期企业除了增加天猫和京东的新店,还要涉及之前没有涉猎的新平台。这些新平台虽然无法估量成效,但如果不及早布局、不去接触,企业就很可能失去领先的机会。每个人到达终点时都有不同的经验和故事,但如果不出发,那么哪里也到不了。

此外，资产"由轻到重"也是一个企业发展经历的必然过程。创业之初考虑风险、收益等因素，尽量不要去碰库存、自备供应链等项目，但做到一定规模后，公司发展必须要更"重"一些，这也是小微电商要做大的必然选择。这时候，必须要做大库存、扩充产品线、自建供应链或与供应链企业达成战略合作。

（2）观念上要与时俱进，更新认知。电商环境日新月异，观念上一落后，企业的发展就很可能跟不上，特别是公司掌盘者的观念、管理等综合能力是重中之重。掌盘者应尽量跟比自己能力高的人在一起，总能学到不少东西。小企业的公司掌盘者要做"多面手"，面对繁杂事务要懂得"弹钢琴"，分得清轻重缓急。

二、避免电商创业过程中的供应链"大坑"

第一步：判断定高价还是低价。

需求-价格曲线讲的是一个基本的商业现实：同一件商品，随着价格上升，需求会相应减少。这两年互联网电商界有一种流传甚广的说法："只要商品呈现和体验做得足够好，哪怕价格稍微高一点，也能打中大量的所谓高端客群，目标客群会大量购买。"真的如此吗？

越来越清晰的事实是，只要价格上升，需求就会不可避免地下降。优质内容和引导购物的确能够让需求价格曲线变得稍微平一点，但并不能从根本上改变需求价格曲线本身的走向，其更多的作用在于营销触达更多的人、提高用户基数。

当然，不同商品的需求、价格曲线是非常不同的。创业者要做的第一点是分清产品品类。

充分竞争的商品、高频次的商品、容易获取随处可见的商品，其曲线都是陡峭的，这意味着需求受价格的影响很大。价格敏感品（如纸尿裤）应采用的策略是保持高竞争力的市场定价，压低供应成本。

与此相对，定制化的商品、低频的商品、竞争壁垒高的商品对标商品稀少，曲线平缓。这类商品的策略应该是通过内容、营销、包装等方式，让用户为其复杂度买单。

第二步：判断所在供应链能支撑多少个环节。

几乎人人皆知的一个商业常识是：供应链越长，中间环节越多，浪费的社会流通成本越高，这是双重边际效应在起作用。

所谓双重边际效应，就是指一个环节和下一个环节之间的交易博弈中，每一方基于自己的单边利益来制定竞争策略，最终导致供应链整体盈利效率下降，所有参与方利益受损。也就是说，对任何一个环节来说，若供应链的环节很多，那么企业不仅要跟其他环节分享整条供应链的利润，还要分担因一环环的博弈消失的利润。

所以，任何一个供应链上的玩家尤其是零售商，在终端价格基本被市场所决定的情况下，需要仔细计算其所在供应链能承受多少个环节。

比如，一个卖日用品的零售电商要计算是否只能从厂家拿货自己才能盈利？还是可以从批发处拿货？还是可以从再下级代理处拿货？若计算结果显示只能从厂家拿货，而普通厂家的批量大到零售电商无法承受，那就要仔细考虑这个商业模式的出路。

比如，一个充分竞争的商品，从生产线到用户端如果只剩下10%的利润空间，此时若供应链上还有生产商、批发商、零售商等多个环节的话，每个环节都要扣利润，那么必然有某些环节会因为利润无法支撑日常经营而导致这个环节消失。所以这种低溢价商品的流通，供应链的环节就是越少越好。

低端服装行业的发展就充分验证了这一点。如果一个商家卖的是30元/件的背心、29元/条的短裤，零售商就必须去掉所有中间环节，直接从厂家拿货或者直接批量定制，甚至自建工厂，从工厂直接出货再到电商上去销售。这时候，线下低端店铺由于租金、运营等相关的费用存在，更由于面向区域市场的客户需求很有限，无力继续支撑，于是线下大量的小服装店开始倒闭，转向线上大批量出货、厂家直接批量定制拿货的方式。

第三步：思考是否跳过供应链的中间环节就能盈利。

通过上面的分析可以得出这样一个问题：供应链是否越短越好呢？不尽然。我们经常看到很多互联网创业者在进行商业模式设计时会假设"我们省略了大量的中间环节，所以具备更强的盈利能力……"听起来很美，实际上一体化供应链有其适用范围。

首先，供应链环节的专业度越高，要求分工越精细，分散化就是不得不承受之痛。例如造一辆汽车，轮胎橡胶工艺、钢结构工艺、发动机、刹车……非常多的环节都涉及复杂的技术，而用户对汽车产品的要求是希望每一款汽车必须有其特殊的设计亮点，这又增加了车辆设计和定制的难度。这类商品的整体供应环节势必牵涉大量的厂家：零部件有几十上百件、设计和组装也许还要细分、各个市场的销售商都要了解每个市场的政策特点和客户特点、每个前端门店都要有展示和体验中心，等等。于是，供应链必须被分散，分散又必然造成供应链利润的损失，这时候，汽车厂商就要通过市场手段提升汽车的附加值，同时还要充分管控每一个环节、挤出利润空间，才能让自身这条供应链能长期可持续运作。

其次，越是销量未经验证的商品，越不能轻易往上游采购，因为越往上游，要求采购批量越大，采购的谈判难度也越高，不如从下游渠道拿点小批量货源尝试一下，等试验可行了再做判断。不注意这一点的商家最后会出现的问题就是：看似拿到了更低的价格，结果促销甩库存的损失远远超过了那一点进价优势。

最后，对于供应链中的任何一环而言，其谈判话语权归根结底是由体量决定的，有时候，一个小平台从一个大经销商处能拿到的采购条件甚至会优于直接向厂家采购的条件。

第四步：谨慎促销，小心曲棍球效应。

电商最不缺的营销手段和策略就是促销、打折等，但是，每次大促后都是一堆的供应链协调工作：库存预估、沽清控制、滞销品处理等。

曲棍球效应，简单来说，就是为了刺激销售所采取的短期手段对库存的影响，在促销时往往会有大量的预估不准，热销的商品缺货，卖不动的备了一堆。

比如每年红红火火的淘宝双十一背后是千万商家的疯狂备货，商家背后又有大量的供应商和厂家的大量备货，一层层倒推，牛鞭效应（供应链一层层积压库存，就放大了整个供应链的库存积压量）导致每一个环节都积压了大量不需要的库存，然后在促销结束后，所有环节都要用很长的时间去消耗这些库存。

涉及供应链的玩家要谨慎对待促销，小心曲棍球效应，在保障促销效果的同时还要设法尽量减少促销影响的商品数,在充足供应和适度沽清之间找到均衡。如果不注意规避曲棍球效应,发展再快最终也可能无法盈利。

如果是自有平台、自有供应链,促销应设法控制在一定的程度,以一种平稳的方式增长,并建立敏捷供应链,随时补货以满足销售需要,而不造成库存积压或强行甩货。例如我厨这样做生鲜的平台,曲棍球效应的影响更加严重,积压库存直接就是损耗,连消化的时间都没有。

第五步:根据不同业态和管理模式正确处理SKU(库存进出计量的最小存货单元)。

为了满足更多客户的需求,GMV(一定时间段内的成交总额)和收入业绩导向的电商企业往往会无节制地对SKU提出更多的要求。今天客户要这个,明天客户要那个,于是不断地增加商品,一个日订单不到5 000的电商平台上商品种类可能超过5 000个。

但超过SKU是无形的供应链成本,它导致的结果是恐怖的:会计报表只会反映收入和成本,却无法把这种成本和产品的复杂度联系起来,管理层往往对过于庞大的商品种类和过于复杂的管控结构毫无察觉,在无形中增加了整个公司的运营成本——那么多的采购人员和仓管人员甚至是生产人员、缓慢的库存周转、低下的订单处理效率、大量的运营人工和内容人工。每个环节的成本多一点经营者一般很难察觉和警醒,但这时整个企业已经失去了盈利的可能。

产品复杂度是对客户需求的曲解。当摩托罗拉的设计人员说设计成百上千的手机型号是为了满足顾客的需要时,他们并不能解释为什么连电池都需要几十种不同的型号。

仔细分析产品尤其是长尾商品的复杂度,其中只有一部分功能是真的为了客户而做的,更多的是公司各个环节的个人出于自身理解所创造的。

ALDI超市只有不到2 000个品种的商品,却在欧洲很多地方打败了沃尔玛。Costco只有不到4 000个品种的商品,但全是精选推荐品类,挖走了美国仓储量贩店最大的中间阶层的客群。

因此我们建议需要承担供应链重负的企业,首先应该把客户需求做细分定义,考虑清楚自身需要去满足的是哪一种需求,把基本品确定下来,再确定优势品和特色品,控制好总体的SKU数量,再对上架选品进行轮转替换。

综上所述,对整个供应链进行充分分析,要基于对客户需求、市场和商品的本质分析,做好SKU管理,并对企业所经营的SKU在供应链上的位置做明确定位。对于充分竞争的价格敏感品,要努力建设更好的供应通路,加大批量,压低成本;对于定制品、价格不敏感品,要多做内容,提升溢价,让用户为更多的价值买单;对于销量不可控、过期库存又很难处理的潮流品,应保持比较低的服务率,允许沽清和下架也是有效控制成本的方法。

不论什么样的商品,都要设法提升整个供应链条的效率,建立更为柔性、敏捷的供应系统。

任务小结

创业计划书的起草与创业本身一样,是一个复杂的系统工程,不但要对行业、市场进行充分的研究，而且还要有很好的文字功底。对于一个企业初创者来说，专业的创业计划书既是寻找投资的必备材料，也是企业初创者对自身创业的现状及未来发展战略全面思索和重新定位的过程。

通过本任务的学习，学习者应基本了解电商创业的基本流程以及掌握如何避免电商创业过程中的供应链"大坑"。

思考与练习

1. 你为创业做好准备了吗？
2. 结合本小节的内容，思考农产品行业的电商创业运作流程，写出商业计划书。

任务三 电商创业模式

学习目标

1. 了解新零售概念
2. 了解 F2C 模式、F2C 微合伙人模式及诚信电商

技能目标

1. 掌握新零售下农产品电商 F2C 模式体系的搭建方法
2. 了解 F2C 微合伙人模式的类型
3. 了解跨境电商运营初期易犯的错误

能力目标

通过了解 F2C 新零售模式相关知识，能够分析该模式在其他领域的应用

素质目标

1. 培养学生工作、学习的主动性
2. 培养学生具有创新意识和创新精神

职业能力目标

通过了解电商创业的模式类型，充分发挥学生的特长，拓展就业及创业渠道

案例导入　孝心小伙回乡创业

农村电商创业热潮此起彼伏，可又有多少人有这样的魄力，甘愿舍弃一、二线城市的繁华，冒着创业的风险回到农村呢？其实农村电商创业成功的案例比比皆是，这里介绍一个励志案例——出身寒门的"85后"孝心小伙返乡创业实现电商销售额4 000万的成绩。

2007年，故事的主人公经人介绍获得了一个很好的工作机会，靠自己几年来积累的工作经验和扎实肯干的作风被老总相中，之后的四年里，他跟着老总到全国各地跑业务，遇到自己人生的伯乐让他的经商之路越走越坚实。2011年，为实现自己的创业梦想，他向公司借了价值10万元的货物，又从银行贷款10万元，只身前往农村开辟市场。2013年，他洞察到像木桶这样的大件商品在网上热销起来。他把自己挣来的几十万元全部投入到公司的电商销售中。凭着过硬的产品质量和良好的售后服务，2013年10月他们的木桶就卖断货了。"'双十一'我们卖了400多万，全年实现了将近4 000万的销售额。"他如是说。

随着电商份额越做越大，他日渐感觉到一支完整电商团队的重要性。创业注定是一个孤独的旅程，当有人愿意在背后帮你、协助你时，就犹如雪中送炭。他选择加盟"卖货郎"公司的电商销售是一个明智的选择，在没有雄厚的经济基础下选择加盟对创业者来说再合适不过了。回乡创业热潮愈演愈烈，"卖货郎"成为农村电商的成功案例，短短1年开设运营店上千家、服务站上万家，不少打算回乡创业的人纷纷加入"卖货郎"的团队。当时的农村电商队伍中缺的就是他这种拥有电商专业技能的核心人才，"卖货郎"对外广泛招募人才，只要是热爱电子商务事业又有真才实学的人都可以投身到农村电商的行列中，加入"卖货郎"，让工业品进村、让农产品进城。就像这位孝心小伙说的："不仅仅是把木桶卖得更好，更要把像茶油、红皮大蒜这样的农特产卖到全国各地去。"

讨论：现阶段的电商创业模式有哪些？

第一节　F2C新零售模式——以农村电商为代表

新零售即企业以互联网为依托，通过运用大数据、人工智能等先进技术手段，对商品的生产、流通与销售过程进行升级改造，进而重塑业态结构与生态圈，并对线上服务、线下体验以及现代物流进行深度融合的零售新模式。简单来说就是线上线下和物流相结合。

目前新零售以如"润物细无声"的方式潜移默化地改变了我们的生活，新零售趋势即是最新的F2C商业模式。电商界人士认为，C2C代表过去（如淘宝网），B2C代表现在（京东、天猫商城），而F2C代表了未来。未来F2C模式将会颠覆农产品营销，那么农产品究竟该如何玩转 F2C 模式呢？

首先来了解 F2C 模式究竟是什么？F2C 是继 B2C、B2B、B2A 等商业模式后兴起的一种全新商业模式（图 3-1），它是伴随着移动互联网技术、大数据技术、云计算技术以及物联网技术发展起来的。F2C 指的是 Factory to Customer，即工厂到消费者模式，是一种先进的商业模式，也可写作 F to C，为了简洁明了易分辨，人们现多取其谐音 F2C（2 即 to）为通行写法。产品从生产厂商直接售卖到消费者手中，没有中间商和渠道商，消费者可以通过 F2C 系统定制符合自己消费理念的产品，工厂可以根据客户需求来安排生产制造，控制成本。

随着新零售时代、智能时代的到来，消费者对产品的品质越来越重视，个性化消费需求越来越多，企业需要思考如何满足消费者这些新的需求，工厂到消费者模式便应运而生。

传统的商品流通路径是：工厂→品牌公司→总代理→经销商→卖场→消费者，由于环节太多、层层加价，产品到达消费者手中时往往价格居高不下。通常中间环节的销售成本占到 60%~80%。比如一件产品的工厂出厂价为 10 元，经过中间层层加价后到消费者手中就可能变成 50 元。F2C 模式是品牌公司把设计好的产品交由工厂代工后直接通过终端送达消费者，流通路径最短，这样可确保产品低价，同时质量服务都有保证。

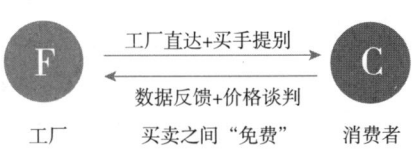

图 3-1　F2C 模式流程示意图

例如在家装行业，F2C 模式减少了代理商、经销商、零售商等一系列中间环节，厂家没有了高昂的店铺租金，使出厂的主材、家具、软装产品直接面向消费者。F2C 模式以强有力的线下产业支撑、有效的全程品控、快速的市场反应冲击并改造着众多品牌连锁销售企业，采用 F2C 模式的成功典范有：魅族、宜家、迪卡侬、乐豪斯、ZARA、HM、姿米诗、伊诗菲丽、七遇生物科技等。它们为消费者提供了最具性价比的产品，在为消费者带来价值最大化的同时也极大地降低了自己的运营和生产成本。

一、F2C 模式的优势

1. 维护厂家品牌力

厂商采用 F2C 模式进行产品销售，通过特定的产品和技术向顾客直接销售产品，满足顾客个性化的消费需求。厂家直销方式下，厂家身份很好地保证了信誉、产品质量和售后问题的服务，因为厂家作为一个大规模的品牌商，不会为一笔零售交易欺骗消费者，所销售的产品不存在水货和翻新机、克隆机等问题，并且价格还具有一定的吸引力，能够有效地维持厂家品牌销售的品牌力，只要厂家不采用低价模式与经销商夺利，那么厂商共荣发展下的高品质的 F2C 模式产品对于维持厂家的品牌力具有非常重要的战略意义。

2. 提升消费者忠诚度

消费者直接向厂家购买产品，可以维护消费者的忠诚度。尤其是当那些忠实消费者的需求得不到满足时，寻求厂家直购有助于加进顾客与品牌的联动，因此 F2C 模式能更好地维持和提升其品牌忠诚度。过去消费者从销售终端购买产品，现在可以直接向厂家购买商品、接受厂家的服务，因此顾客不容易流失，后期还可以通过大数据帮助市场更好地服务客户。因此对于厂家和消费者来说，F2C 模式有利于顾客忠诚度的提升，是双赢的结果。

3. 积累大数据

厂家采用 F2C 模式进行产品定制，再通过互联网及微信等平台销售，可以帮助企业积累大量的数据。这些数据形成之后能够帮助企业更好地服务消费者，把握消费者的个性特征。有了这些精准顾客的数据，厂家就能够很好地分析消费群体，更好地进行品牌推广及投放，真正做到精准营销。

F2C 商业模式在当前的"互联网+"时代，有力地"颠覆"了传统的电商模式，符合"大众创业，万众创新"的时代趋势。对于厂家层面来说，真正实现了资源引流、促销、体验、推广等功能。对于消费者层面来说，去除中间环节的工厂产品直接到达消费者手中，能保证价格满意、质量满意、服务满意。

F2C 模式既能减少线下销售代理渠道带来的成本，又能让消费者买到货真价实的产品，实现厂商和消费者的双赢，这是 B2C、C2C 电子商务平台无法与之相抗衡的，也是企业自建垂直型电子商务无法做到的，更是商业诚信社会所亟需的。物联网让每个人都可以成为手机购物的参销商、购物商，真正实现了随时可买、随时可卖的商业模式。不过，工厂直达用户的模式对供应链体系也提出了更高的要求。无论是信息流、货物流还是现金流，对供应链体系而言都是一个不小的挑战。

二、农业领域的 F2C

农业或农产品电商 F2C 即产品从农场直接到消费者手中，食品产业链上的每个环节皆由企业自己全权负责，没有了中间渠道商，食品安全得到了保障。例如农产品的线上多渠道模式，多品牌农业基地的产品可以借助淘宝等电商平台，实现农场与家庭的对接，或采用预售和订购的模式来销售农产品。

近年来，"互联网+"成为国家战略，电子商务作为"互联网+"行动的一个重要领域，得到国家政策的高度青睐。农村电子商务全面引爆更是各地落实国家战略与政策部署的体现，在越来越多的县域陆续被提上经济社会发展的重要日程，并作为推动当地经济的中心工作和实现战略目标的重要手段。地方政府从战略规划、政策安排、资源配置等角度对电子商务工作的重视，达到了前所未有的广度和高度。

农村电商得到各种资源的井喷式涌入后，经历了从无到有的初期发展阶段，正进入从弱到强、从单一到系统、从线性到网状、从简单到复杂的生态发展阶段，也涌现出众多的成功案例和模式，如遂昌模式、成县模式、通榆模式等。数据显示，2014 年全国农村网购市场规模达到 1 800 亿元，2016 年突破 4 600 亿元，呈爆发性增长。未来农资市场容量有望超过 1.5 万亿元，农产品市场容量将超过 4 万亿元，农村电商体量也将达万亿元级别，发展空间巨大。

然而，农村电商在高速发展的同时也存在一些尚未得到完全解决的问题，主要问题如下：

（1）现阶段的农村电商需要政府来推动，但谁来"管"？农村电商涉及部门可能有商务、供销、农业、电信、工商、邮政等，有的地区出现了多部门参与的情况，但各自为政、重复建设甚至互相拆台，有的地区则出现多部门互相推诿的情况。

（2）谁来"做"的问题。有的地区经济的发展过去主要依靠本地企业，但无基础、无经验、无实力，盈利困难，有的地区则引进电商大企业，但外地大企业无本地基础，只想占领本地农村消费市场，和政府的意图难以兼容，往往轰轰烈烈后举步维艰。另外由于未实现标准化、冷链物流基础薄弱等原因，农产品电商下沉难，无法实现尽快使农民增收致富，电商扶贫无从谈起。

（3）其他问题。农村电商生态环境差、电商服务不足、农村产业规模小、农村电商人才严重不足、农村空巢现象严重等。

三、农产品电商 F2C 模式战术维度体系搭建

目前 F2C 模式在中国农村应用稀少，还远没有形成规模。实行 F2C 需要具备很多条件，门槛较高，那么，新零售下的农产品电商 F2C 模式体系该如何搭建？

1. 品牌打造

品牌是 F2C 模式的基础。通过梳理品牌识别系统或形象，能让用户在纷繁的市场里快速认出我们的产品。那么，如何打造品牌呢？

（1）用户定位。思考我们的产品是给哪些用户提供的？满足了用户的哪些需求？例如樱桃产品，基本上喜欢吃樱桃的人都是年轻人，尤其是 18~45 岁的女性，因为樱桃能满足该年龄段女性的美容和健康等需求。因此，我们做樱桃产品就要把 18~45 岁女性当作我们的用户，满足这些女性群体的对樱桃的需求。

（2）口号打造。口号就是卖点。通过口号达到与客户心理、生理的认同与理解，并促使用户产生购买的欲望。

（3）包装设计。这里的包装是一个体系，一定要站在用户的角度思考什么样的包装适合用户。包装的形状、包装的设计、创意都要符合品牌定位和用户心理。

（4）口碑保证。我们应站在用户的角度体验一款产品的口碑，可以通过客户评论、权威认证背书、名人认可等方式来确保我们的产品是可靠、安全的。

2. 营销策略

这里说的营销一定要与销售分开，营销是针对现有的客户或潜在的客户进行互动与交易的过程。营销策略以农产品为例，有以下几方面：

（1）为什么要现在买。可以通过信息把"为什么要现在买"的问题传递给客户，因为"过了这个村就没有这个店了""这是限时的，时间过期就要涨价""现在买会为以后获得更多的利益"。

（2）如何购买。农产品面临的可能是比较小的单子或者散单，因此要考虑购买量和购买频次的问题，否则会导致物流和配送费用等一系列问题。

（3）何时购买。农产品是季节性产品，尤其是水果或者蔬菜类农产品，因此购买时间就成为农产品销售的关键环节。

毕竟，F2C 模式下企业面临的是直接用户，很多用户的需求都不是特别稳定，因此我们需要提前销售，不能等农产品熟了才考虑销售。我们可以采用预售方式提前把产品卖出去，等到农产品成熟季节直接通过物流配送给客户即可，这样也减轻了库存的压力。

3. 供应体系

客户不用通过其他的代理或者渠道去购买或者订购，只要通过农村电商的平台就可以获得来自厂家或者产地的优质、廉价产品。

原来的供应体系是厂家→总代理→一级代理→二级代理→三级代理。农村电商平台的供应体系是厂家直接发货，可以比市场价格低 50% 的费用。通过产地直接发货，还能提供更多的产品、更丰富的产品、更优质的产品。

四、如何解决 F2C 模式的难点

产地开展 F2C 模式是好事，因为这样可以为用户节省更多的钱和时间，毕竟原来由 3 级代理做的事情现在全由电商平台做了，因此工作量势必会增加，执行能力也成为考虑农村电商运营或操盘的能力。那么，农村电商需要如何解决 F2C 模式的难点呢？

1. 从物流入手

产地直接发货或者配送会增加农村电商平台的物流困难。如果物流体系不够健全，平台就会被物流所困扰。因此，产地必需根据订单情况实时安排物流和配送。平台可以通过设定提前销售、约定购买数量等方式来提升物流效率，减低物流成本，加强用户服务。

2. 从营销能力入手

F2C 模式考验着厂商或产地的营销能力，如果营销环节没有执行到位，产品也是很难销售出去的。除了上面所说的品牌打造策略之外，更要增强产品营销能力和团队协调能力，提升平台的运营能力。

3. 从渠道推广上入手

这里说的渠道是推广渠道或产品展示渠道，毕竟 F2C 模式是直接面向消费者的。因此，要借助更多的新媒体和大流量的渠道平台开展营销活动或者推广。

4. 从产品运营上入手

产品的运营能力决定着 F2C 模式的威力，毕竟产品是该模式的核心，所有的模式都需要围绕着产品进行。到底需要单品运作还是系列产品运作呢？在运营前期，单品运作更适合 F2C 模式，通过某款单品对快速吸引一批忠实粉丝并加强沟通，通过用户运营再添加其他系列产品满足用户更多的新需求。

总之，利用 F2C 模式颠覆农产品营销的关键在于产品运营和项目执行，在互联网时代，模式不是核心，人和产品才是核心。

案例分析

F2C模式生鲜农产品电商领域应用

YOUR社区是中国生鲜行业中第一个以F2C社区服务垂直电商模式运营的社区。YOUR社区以生鲜产品为切入口,以社群社区运营为核心,通过打通线上线下消费服务一体的方式运营会员仓储管理系统,实现线上下单后2公里内在2小时内及时送达的本地配送服务,为会员打造更方便快捷、更放心安全的社区生活一站式综合服务平台。

2017年6月到2018年3月,YOUR社区创造了近1亿元的零售交易额。如今YOUR社区已经覆盖了全国5个城市,有700多所社区,提供了超过100万用户的优质社区服务。

YOUR社区有着全球300家农场直供,是一种全新的直供模式。这种模式省去中间商赚差价,最大限度地确保水果的新鲜度。YOUR社区的健康生活理念是"水果除了不应该在'新鲜'的口感上亏待消费者,还要对'健康'有考量。"YOUR社区将自己定位为"大自然新鲜水果的搬运工",它们尊重万物生长规律,只为了让最原本天然的味道带到餐桌上。它们不只提供新鲜的当季水果,还会特别用心地进行包装,让消费者感受到它们的心思。正如YOUR社区宣传语所言:"生活需要仪式感,水果也需要仪式感,它是你热爱生活的另一种方式。"

由于省去了中间商环节,成本比例大大减少,YOUR社区的运营可以做到毛利率20%,这部分毛利直接让利给消费者。这种舍得让用户以高达89%的复购率回馈了YOUR社区。

为了能够让消费者可以吃到质优价廉的鲜果,YOUR社区还以拼团模式作为入口。这种方式不仅能让消费者花少钱买好货,又能增强彼此的互动。YOUR社区一直在不断提高消费者的体验度,也在不断完善服务,为用户创造更高价值的体验。

消费的不断升级使生鲜电商的渗透率也在不断提高。品质和便利成为消费者使用生鲜电商购买产品的重要原因,YOUR社区正是戳到了消费者的痛点,运用F2C的模式给消费者不一样的生活方式。

分析:

生鲜行业利用F2C模式,在产品新鲜度、配送时效以及成本费用控制方面都得到进一步增强,用户体验也在提高。直接从农源产地对接消费者,消费者以更低价格购买到更实惠新鲜的水果,还能追溯到源产地确保产品的生态和品质。从农源产地方面来说,F2C模式可以解决果农厂家市场滞销的痛点,实现果农市场的正常运营。因此,生鲜社区服务平台利用F2C模式能够实现社区、果农厂家、消费者三方共赢的局面。

总的来说,F2C模式相比传统模式和直销模式对农产品营销的颠覆力度更大,未来将是生鲜社区主要的发展趋势。

五、F2C模式创业的优势

F2C模式创业十分简便,依靠一部移动手机终端即可联系厂家买货发货,自己做代理,产品销售出去后工厂返利,这种创业模式有以下好处。

1. 门槛低

前期不需要大量资金投入,不用选址开店,广告宣传形式多样。

2. 成本低
从厂家直接拿到一手价格，无中间商赚差价。
3. 风险低
产品质量、售后服务、品牌信誉度均由厂家直接负责。
4. 大趋势
从 2003 年淘宝线上购物平台出现，当年 10 月第三方支付软件支付宝出现，到 2014 年微信支付功能的开放……到今天，人们已习惯网上购物，出去购物时会习惯性地问："支付宝还是微信？"新的东西不断出现，人们逐渐熟悉并接受，不自觉地顺应着时代趋势的发展。

结合以上优势，不难得出结论：新零售趋势下的 F2C 商业模式对于宝妈、大学生、上班族、私企老板、直销员、微商达人等群体来说无疑是一种创业机会或是开展第二副业的好选择。

【资料链接】

云米 F2C 开启新零售模式

随着技术的不断进步与发展，家电行业也迈入了智能领域，未来家电发展的趋势已见端倪，基于物联网、大数据、云计算等应用技术的智能家电将成为消费的中坚力量。在智能家电蓬勃发展的今日，怎样的营销策略才能做到品牌、经销商和消费者的三赢局面？

云米 F2C 采用新零售模式，线上与线下无缝对接、消费者购买体验便捷化、经销商"轻库存"等优点让这个新晋的高科技全屋互联网家电品牌仅用了半年时间招商，全国门店数量即突破 800 家。除了对核心技术的实力掌控，云米的产品理念是云米高科技互联网家电深受消费者追捧的根本原因。

一个二维码，扫码支付工厂发货

在云米线下门店，消费者可以体验云米高科技互联网家电的智能化和人性化。消费者用手机扫描产品标签上的二维码，进入天猫云米旗舰店进行下单，线上线下同款同价，产品直接由云米工厂配送到消费者家里。由于 F2C 模式减少中间渠道商环节，减少利润分成，在保证质量的同时，到达消费者手中的商品性价比更高，真正做到回馈于消费者、服务于消费者。

除了让消费者能够"一键下单"，二维码还是线下实体店的"身份证"。每间门店都有一个专属二维码，云米后台对消费者在门店的订单会按码归集业绩和结算，IT 系统自动识别成交的二维码属于哪家店。这样一来，经销商不需要过多的资金投入与存货，"轻库存"也能通过线上交易照样卖货。"相当于用一个二维码，做全国的生意。"

打破界限，掀起"新零售"风潮

"未来，线下与线上零售将深度结合，再加上现代物流，服务商利用大数据、云计算等创新技术，构成未来新零售的概念。"2016 年，马云在杭州云栖大会上定义了"新零售"。而在家电行业，重库存、周转层级多、市场保护差等传统家电营销模式的弊端已经在互联网时代日益凸显，冲破传统零售桎梏势在必行。

作为高科技全屋互联网家电领创者,云米从一开始就打破时间和地域的限制,直接开启F2C新营销模式,掀起家电行业的新零售风潮。

"云米的营销构想是一家门店不仅仅是卖货销售的地方,而是集展示、体验和销售为一体的云米共享平台。""互联网+"格局下,品牌营销的核心最终还将回归产品本身和用户体验的竞争,F2C正是这一理念的理想呈现。"F2C提倡去中间化,从工厂直达消费者,从而保证低价、高品质的产品服务,这一模式的应用必将孕育广阔的商业前景。"云米CEO陈小平在现场分享。

2017年下半年,云米实施了"千店计划",采用新营销模式与合作伙伴长期共赢,让更多的消费者走近云米,拥抱高科技智能生活。

围绕消费者的需求和痛点做创新。"云米在研发产品时,始终坚持一个想法,就是围绕社会和用户的需求和痛点做创新,产品创新的理念应该是从里到外,从内在需求出发。这种思维的跨越会驱使我们不断地创新,不断地颠覆,不断地去挑战各种不可能,把过去认为的不可能变成可能。"正是秉持着这一理念,云米的每一件产品都与互联网技术如传感器、算法等紧密结合,利用这些技术打造真正的智能家电。

云米近一半的员工为研发人员,每条产品线都有国际化的研发团队确保产品研发的专业性。云米的人才体系则整合了来自电器、互联网、通信、快消等不同行业的人才。不同行业的精英在一起更能碰撞出创新的点子。作为小米生态链企业,云米成立至今仅3年,凭借其核心技术获得专利授权428项,产品已经涵盖人工智能净水器、互联网智能冰箱、互联网智能烟机灶具等。

正是这种紧贴消费者痛点的研发,让云米在赢得业界口碑的同时也受到众多投资者的青睐。据透露,如今,云米已吸引了红杉资本、顺为资本、新加坡主权投资、晨兴资本等国际顶级投资机构对其进行战略投资。

云米CEO陈小平表示:"云米在研发产品时始终坚持一个想法,就是围绕消费者的需求和痛点做创新,而并非为了创新而创新。产品创新的理念应该是从里到外,从内在需求出发。其次,我们做产品创新时,希望从整体来考虑,而不是孤立的思考。最后,云米的产品要结合到互联网技术,利用这些技术来改造产品,而不是单个产品来做。"

云米将互联网产业与传统产业进行结合,将传统家电与互联网技术、标准、方法结合起来。互联网和传统产业合作打破了原有的产品界限,云米更加注重整合各种资源,比如从全球邀约高端的工程师,云米在架构上划分出专注家电的团队,专注互联网的团队和专注软件开发的团队,通过不同团队的专注研究以及跨部门的团队合作,做出更具创新、更符合用户需求的产品。

最后,云米产品会更简单地去看待用户的需求,从用户最基本的要求出发。举个例子,父母在家做饭容易忘记开油烟机,云米就会从最简单的需求入手,让油烟机和炉灶联动,打开炉灶时油烟机也自动打开;平常烧开一杯水往往需要烧开、晾凉才能喝,而云米的饮水机则加入了传感器,让原来水的温度和用户想要喝的水的温度做动态算法,做出1秒即热,从过滤、加热、烧开1秒钟完成。

(资料来源:亿邦动力网讯,2018年3月13日)

第二节　F2C 微合伙人模式——以微信模式为代表

一、微信生态的电商种类

微信 B2C：京东的微信一级购物入口才是正宗的微信 B2C，也是腾讯微信官方支持的微信电商。

微店：京东微信入口开的二级购物频道"微店"成为微信官方的微店；微店还包括京东微店、拍拍微店、官方支持的微信小店；获得腾讯投资的口袋购物在微信里开的店铺也叫微店。

二、微商（微信朋友圈电商）

微信公众号店铺：即在微信公众号（服务号）基础上开发出来的店铺。

微信第三方服务商店铺：利用微盟、口袋通等第三方微信服务商开发的微信店铺。

微信 O2O：有实体店铺的微信电商、腾讯的微购物等。

微信生活服务电商：腾讯微商户、微团购的高朋、大众点评也属于微信生活服务电商，还有微信一级入口"钱包"里面的吃喝玩乐、打车、电影票等。

近几年，健康保健品、家乡土特产、传统大牌化妆品成为微商渠道主流的三种品类，需要特别关注。

三、微信朋友圈的新模式

第一种模式是禾葡兰模式，即不发展代理，不做经销商，不压货。禾葡兰是一家深圳的化妆品公司，其以微商模式运作但其模式与传统的层层分销、渠道压货完全不同。禾葡兰没有一个分销商，通过公司 200 名员工直接用朋友圈面对终端消费者卖货，年销售额近 1 亿。

第二种模式是将电视购物模式原模原样地引入微信，只是把沟通工具从电话转为微信。

第三种模式是天虹商场员工微营销模式，天虹商城是百货行业的上市公司，天虹的微商平台"天虹微品"由其自行开发运营、维护系统，每个开店的店主都是天虹员工，他们在微信朋友圈卖货、推广熟人，形成"天虹微信、天虹微店、天虹微品"的全渠道移动端口布局。

第四种是微信服务商模式，私人微信是典型代表，就是不用微信卖货，而是用微信做服务的模式。例如用微信每天免费推 20 条电商服务信息，只收 1 条广告费用，一条 1 000 元，3 个微信号的年收入可达百万元。

第三节 诚信电商——以跨境电商创业为代表

《2018年（上）中国跨境电商市场数据监测报告》① 显示，2018年上半年我国跨境电商交易规模为4.5万亿元（图3-2），同比增长25%，成为我国外贸新的增长点。

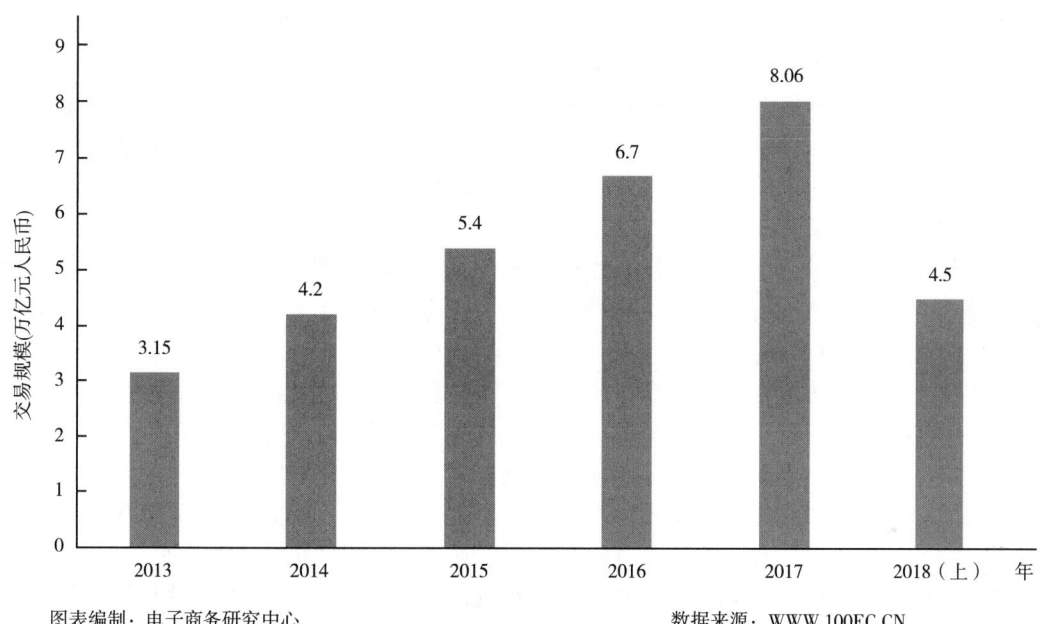

图 3-2　2013—2018年我国跨境电商市场交易规模

报告指出，在进出口结构上，2018年上半年中国跨境电商出口占比达到77.1%，进口比例为22.9%，进口电商的比例正逐步扩大。随着"海淘族"数量迅速壮大，跨境电商将继续受益于国内消费者对海外优质商品需求的强劲增长。

跨境电商与国内常见的电商平台最大的区别在于"直线全球化"。中国作为"世界工厂"，以亚马逊为首的世界一线跨境电商平台超过70%的货源都来自中国。做电商不仅要让中国的产品走向世界，而且要让中国的品牌覆盖全球，跨境电商是极大的契机。

对跨境电商创业者来说，最重要的是跟对平台，而对的平台往往是有机遇窗口期的，淘宝的机遇窗口期已经过去了——当很少人做的时候你在做，那你是卖方市场，自然你就好做，而现在已经是买方市场，网上卖东西的商家更多了，买家可选择的余地也更多了。

对于那些已经非常成熟的平台，如果你去坚定深挖1 000米，虽然有可能找到金矿，但是相对于那些正处于机遇窗口期的平台，也许只需要深挖200米就找到金矿了。为什么今天的跨境电商、跨境平台还是机会？因为对大多数的中国人来说，做这样的平台需

---

① 报告下载：http://www.100ec.cn/zt/2018skjbg/

要一定的外语水平，语言不通，规则就难以掌握，例如在亚马逊上做运营，简单来说就是在阿里巴巴上面批发产品然后卖到全球而已。如果未来大家都在做这件事情，还可以到国外去，把国外产品卖到中国。

创业者要注意的是做跨境电商需要单独注册公司，因为国外站点不会面对私人开设账户，所以首先要做的是账号注册和资质审查。可以跟一些成熟的培训公司合作，具有实战的教练团队可以帮助你，可以迅速完成账号注册、审批，在实际操作中还会教你运用知识和技巧，比如怎样花更少的广告费让自己的账号迅速增加流量等。这些机构本身还有一个优势，就是它们已经在实战中积累了不少畅销的产品，可以相对容易地从中去摸索出能够畅销的产品，直到我们自己可以直接在阿里上采购，打造出自己的爆款。与成熟的培训公司合作还有一个好处，就是如果出现亚马逊重新审核店铺这样的事情，我们可以在培训公司的帮助下进行沟通，写保证、写协议方措施方面的邮件，使突发事件快速得到解决，重新获得销售权。

运营好一个账号，核心当然是能找到好的产品，好的产品自带流量，将这些产品结合差异化的运营，精心打造，优化标题、描述、关键词、图片、广告等各方面，就可以用较少的资金获得较大的流量。

跨境电商和任何生意一样，都存在风险，只不过现在做的人相对国内平台而言要少，成功概率大很多。但仍然要注意关键的选品，如果选品不当，一批货砸在手里，你就失败了。所以对跨境电商而言小步慢跑才是正确的做法。例如，想要在亚马逊上获得较多的流量，一定要在产品选品的差异化上做文章，对欧美市场的消费习惯要很认真地去研究，特别是在产品的品质、颜色方面一定要投其所好。即使是在国内淘宝平台上做账号，要体现自己的差异化，也仍然离不开运营上和选品上的差异化。当慢慢做起来之后，一定要学会对产品、对市场进行调研，当规模做到足够大以后可能就会涉及供应商调研，甚至量大到可以对产品设计提出要求。

做跨境电商一定要保持良好的心态，不要过于执着于销售数字和结果，那样会使目光变得局限，无法捕捉更关键的销售核心问题。注意力等于事实，焦点等于感受。越在意就会越失去，反而做不好账号。先掌握跨境电商的一些基础知识和操作方法，出单只是时间的问题。千聊直播课里有一个叫 Skyla 的讲师经常会分享她运营亚马逊账号的方法和思路，对运营账号的创业者打开思维格局、提升信心很有帮助。事实上实践和探索仍然符合跨境电商成功的规律，就是一个熟练度，熟能生巧，巧能生精，精能生妙，这个"妙"就是你找到亚马逊账号运营之"道"，也就是要找到最适合自己的方向。

未来跨境电商作为传统外贸行业的转型方向，潜力巨大，目前其发展势头也非常迅猛。开个外贸公司，辛辛苦苦一年卖不到 1 000 万，但是如果由跨境电商通过网络下单销售，销量甚至可以轻轻松松超过一家小型外贸公司。希望所有愿意在跨境电商上有所发展的人一定要持之以恒，稳扎稳打，选择产品一定要站在消费者的角度换位思考，要有自己独特的见解，给自己明确的定位，同时要结合自身的能力和掌握的资源，做好自己的独特性和差异化，更要熟悉像亚马逊这样的外国电商平台的不同政策，以免犯错。

一、跨境电商创业初期易犯的错误

随着线上交易日益普及，越来越多的中国人涌向跨境电商建站的创业大潮。创业初期需要考虑诸多因素，一不小心踩到雷区就可能前功尽弃。以下列举了跨境电商创业初期常犯的9个错误。

1. 选错平台

当你着手做电商网站时，会发现有很多建站公司向你招手，这时候一定要擦亮眼睛综合考虑，选择最适合自己的平台。

下面是外媒推荐的较受欢迎的3家电商平台，仅供参考：

（1）WooCommerce：针对WordPress设计的一款免费且直观的电子商务插件；

（2）Shopify：一个专门为构建电商交易而设计的平台；

（3）Magento：先进灵活的电子商务解决方案。

与这些公司合作的不乏一些知名品牌，例如Coca-Cola和Burger King就使用了Magento。中小型电商可能会发现WooCommerce和Shopify是自己的最优选择。不管怎样，要确保自己做出决定前做足调研工作。

2. 网店不安全

没人希望平台泄露自己的信息，如果交易过程中觉得平台不够安全，25%的消费者会果断放弃购买。所以，一定要让客户认为"这个网店很安全"，不会存储或共享任何敏感信息。

选择一个合适的SSL（安全套接字协议）证书对网站数据加密是一项明智的投资，能保证更多客户完成交易。

3. 忽视移动端用户

移动搜索的用户比例已经突破50%关口，现在占所有搜索查询的近60%，据HubSpot公司披露，当前约34%的在线零售购买发生在移动设备上。多方数据表明，移动端搜索已成为整个市场的优先搜索方式。因此，你的跨境电商业务若想脱颖而出，就必须与此趋势接轨，方便智能手机和平板电脑端的客户访问。

4. 缺乏"信任因素"

大多数人确实很在意网站是否明确列出了退款、运输政策、常见问题问答以及有效的SSL证书，甚至Cookie政策这些让人心安的信息。

许多网店败就败在不能给客户这种安心的感觉，哪怕产品描述得再好，顾客还是宁愿去别家购买。为网站添加这些"信任因素"并不难，只需花点心思即可。

5. 搜索体验糟糕

客户都希望快速找到想要的产品，如果网站不能正常显示，搜索体验就会非常糟糕。你需要时不时打开网站，看看搜索工具是否正常运转，导航是否直观，产品列表是否一目了然。

6. 缺乏个性化

当前大多数电商网站很少有或根本没有个性化可言，在分秒必争的快节奏时代，用户无疑希望能迅速看到最想要的产品。

个性化要求使电商平台已经摒弃了传统的"广撒网式"网站页面，针对客户搜索习惯展示推荐的产品组成为新模式。

下面这些最新趋势可以帮助你创建"个性化网站"：

（1）通过 Unbounce 和 Optimizely 工具，可以创建高度可转换的、个人化的登录页面。

（2）基于客户的导航、搜索和购买行为可以在特定登录页面投其所好，仅显示客户感兴趣的产品。

（3）实时导购信息将成为电商成功促使访客下单的标配服务。例如：A 女士在你的网站犹豫不决超过了 5 分钟，试图找出合适尺寸的牛仔裤，这时她就会实时收到来自一个真人客服的正确指导。

7. 未利用社交媒体

社交媒体的信息会频繁出现在众多在线用户的视野中，若不加以利用，就会失去好多曝光机会。当然，一定要找准目标受众，否则一切努力都是徒劳。

举例来讲，如果产品设计感很强，就应该利用 Instagram 和 Pinterest 这类基于视觉搜索的社交网站去推广。同理，如果你主要是提供服务或定向产品的，就应该到 Facebook 和 Twitter 上去吸粉。

8. 缺乏内容营销计划

人人都喜欢内容，这也是为何很多企业会投入大量时间与目标观众建立实质性联系。内容营销的优势体现在：不论是信息性内容还是答疑解惑类文章，只要做得好，你会发现搜索排名、转化率、店铺流量和品牌认知度都会直线上升。

9. 未衡量网店表现

任何公司都是在改进中不断进步的，这就要求电商创业者不断自我反省、发现问题，否则可能会导致潜在客户白白流失。

由此看来，想让电商网站迸发出蓬勃活力，可引入谷歌分析工具，从而对"哪些页面带来了最大引流效果，哪些页面促进了最大转化率，哪些页面尚需改进"等问题了如指掌。清晰把握症结会使改良过程更加简单高效。

随着资本的进入和跨境电商的规模化，现在越来越多的电商已经体验到：合规经营才是发展。以前有人走灰色地带，逃税或是想卖假货，或是想卖低质量，甚至想要靠价差赢利，这些都不是有序经营发展的正道。而且我们创业要吸引资本，资本最怕的就是风险，走这些灰色的地带不走正规通道，你的风险就最大。风险这么大，吸收不了资本，你就不能参与竞争。

所以现在大家都知道，合规经营才能确保有序的成长。该缴税要缴税，各个国家的规范——安全的规范、零售的标准、退货流程等都要设置到位。其次要跟政府合作，配合政府的政策，配合政府的规范和知识财产权的配套政策。希望所有从业者都能够有这个认知，就是合规地经营才是真正永续成长的正道。

跨境电商的需求是分散且巨大的，背后带来的生态系统的产值也是非常大的。跨境电商领头羊就是中国，中国最有竞争力，因为中国本就是全世界的工厂。很多国外的消费者已经依赖上了中国生产的产品，中国制造的优势地位显露无遗，这也令中国出口跨境电商迈上了一个新的台阶。

随着中国出口跨境电商的发展逐渐成熟和信息透明度的增加，业务模式相对简单的贸易商已经没有了太多的生存空间，必须从业余走向专业，否则会极易被淘汰出局。

当前在线领域充斥着各式各样的电商网站，但这并不意味着网店缺乏生存空间。不过，想要在竞争激烈的电商领域闯出一片天地，就必须具备自己的核心竞争力。可靠的信誉永远是第一位的，只有诚信经营、踏实做事的网店才能成功。

任务小结

通过本任务的学习，我们了解了什么是F2C新零售模式及其相对于传统电商的优势，新零售下的农产品电商F2C模式体系如何搭建，F2C微合伙人模式类型，了解了跨境电商创业初期易犯的错误，建立诚信经营的理念。

思考与练习

1. 了解F2C新零售模式在其他领域的应用，并分析其运作模式。
2. 总结微合伙人模式适用于哪些行业？
3. 总结跨境电商经营的难点有哪些？

课外延伸

盘点：跨境电商未来的12大趋势（http：//www.100ec.cn/detail--6464654.html）

任务四 电商创业风险管理

学习目标

1. 了解电子商务创业风险的特征及分类
2. 掌握电商创业风险管理的重要性及风险管理的基本方法
3. 了解电商创业的重要风险类型

技能目标

1. 掌握选择电商创业项目的风险规避方法
2. 能够识别和规避电商创业信誉风险
3. 建立电商企业资金链断裂预警管理体系
4. 建立健全电商创业人力资源风险的预警体系

能力目标

1. 能够识别电商创业中的风险并且对其进行评估
2. 能够规避电商创业技术风险

素质目标

1. 培养严密的逻辑思维能力
2. 培养优秀的团队合作能力和良好的动手能力以及实操能力等

职业能力目标

树立正确的职业理想，可以识别并评估风险，拥有规避风险的能力

案例导入　Kozmo.com 的兴起与衰败

"为互联网订单创建快递系统并且在一个小时内交付物品",这种观念听起来合乎逻辑,但这并不是一种新的想法,多米诺比萨饼公司就是借助这种方法发家的。如今,很多公司都提供 1 小时上门配送比萨饼的服务。

Kozmo.com 的商业模式就是基于这种思想。该公司没有比萨饼业务,但是可以提供从食品、租赁碟片、电子游戏到其他便利品的运输服务。并且,这种模式的主要目标是大城市,特别是纽约和波士顿,因为在大城市中人们使用公共运输设施,而这些运输设施在某些时段内是停运的。物品由 Kozmo 快递员使用货车、自行车或摩托车运送货物的雇员来进行配送。订单是通过互联网接收的,也可以接收电话和传真订单。产品从 Kozmo.com 的分销中心发出。

随着 2000 年底和 2001 年初大量网络公司的倒闭,一个主要的金融机构放弃了对 Kozmo.com 的支持。Kozmo.com 逐渐陷入资金短缺的危机并最终于 2001 年 4 月 11 日宣布倒闭。

原风险投资商、现纽约新媒体联合会的执行总监 Alick O'Rourke 称:"我不认可电子商务公司可以在 3 年内迅速实现成为一家全球性公司的理想。你不能让一个公司成长得太快,就像你不能让一个人成长得太快一样。"

Kozmo 的管理人员称他们最近在财务方面已经逐渐好转,而且用户数量也从上年的 15 万增加到目前的 40 万。这证明网络配送切实可行。他们认为 Kozmo 的问题是在互联网蓬勃发展时期开支过大造成的。Kozmo 本应该在几个较成功的城市集中业务,并为 Kozmo 固有的薄利业务塑造一种更适合的业务模式。

思考:结合案例分析 Kozmo.com 公司倒闭的主要原因及问题症结所在。

第一节　电商创业风险管理概论

对许多创业者而言,创业不仅能获得较大的经济收益,更重要的是自己做老板的自由:感觉到自己是独立的,还可以规划自己的企业、以自己所希望的方式一天天地经营自己的企业;做自己喜欢做的事情,感觉到自己的人格魅力。所以,越来越多的人加入到创业大军的队伍中来。

电商创业与别的方式创业并没有本质的不同,通俗地讲就是利用电子商务手段实现价值,开创事业。

但同时,电商创业者和电商创业企业也承担着巨大的风险,创业失败他们将失去很多,包括物质与精神两方面。我国大部分以科学技术上的发明和创造为基础、以技术商品化活动为主要营业方式的创业企业,都承担着开发失败的风险。据不完全统计,发达国家中的以高新技术进行创业的企业中创业失败的比率高达 70%。这个数据表明,创业成功的20%~30%的企业是以失败的70%~80%的企业为代价的。

电商创业是指发现、创造和利用电子商务机会，组合生产要素并创造价值，创立自己的事业，以获得电子商务成功的过程或活动。创业在整个电商企业的成长过程中一般处于孕育期，这个时期对于创业企业以后的发展影响非常巨大。在创业阶段，若各方面的工作做得比较好、基础扎实，电商企业建成投产后就能顺利发展；相反，如果工作做得仓促、决策失误，就可能造成企业先天不足甚至流产。

一般意义上的风险是指导致各种损失事件发生的可能性。这些损失事件是我们所不希望发生的，因此，在电商企业的风险管理中，我们可以把创业过程中出现的风险理解为原本预期的目标出现偏差的一种可能性，对于电商创业企业而言，风险就是指给创业企业的财产与潜在的获利机会带来的一种不确定性。这里的财产不仅指各种库存与设备，而且包括诸如公司的雇员或与企业声誉相关的因素，即通常所说的无形资产。所以电商创业风险就是指电商创业环境的不确定性、电商创业机会与电商创业企业的复杂性、从事电商创业的创业者、电商创业团队与电商创业的投资者能力与实力的有限程度，会导致电商创业活动的结果偏离预期。

一、电商创业风险的特征

电商创业风险主要具有如下特征。

1. 电商创业风险的客观存在性

电商创业风险是客观存在的，是不会因为人的意志而改变或转移的。在创业过程中，其内部与外部事物发展的不确定性是让事物发展的过程出现不可预知变化的一个特性，所以创业过程中的风险也必定是客观存在的。因为其具有客观性，所以我们在面临这种风险的时候需要采取正确的态度去承认和面对，并且积极乐观地去对待。

2. 电商创业风险的不确定性

电商创业的过程一般是从事电商创业的创业者将自己的某个"奇妙的想法"或是创新技术从虚幻变为现实的产品或服务的全过程。在此过程中会有一些形态各异的、不确定的因素产生不同的影响，例如可能会遭到竞争对手的排斥或是新技术很难转化为生产力等。除此之外，在电商创业的过程中将会面临较大的前期投入，而且这些投入往往不会产生产出，因此创业者也可能面临着后期资金不足的现象，进而导致其创业的失败。也就是说，电商创业过程中创业者是无法判断且预知各种影响因素的。

3. 电商创业风险损益的双重性

电商创业风险对于创业收益不是仅存在负面的影响，如果能够正确认识并且充分利用其风险，有时候也会让收益有很大程度增加。

4. 电商创业风险的可变性

电商创业风险的可变性是指因为电商创业的内部条件与外部条件发生变化而引起的其创业风险出现变化。其可变性可以分为三个部分：一是风险性质的变化；二是后果的变化；三是新的创业风险出现。

5. 电商创业风险的可测性

电商创业风险的可测性是指其风险是可以进行测量的，就是说可采用一些科学的方法对风险进行估计。但是这个可测性也是会出现偏差的，就是说创业风险的实际结果常常会与所测得的误差范围产生一些偏离，一般都是因投资者测量得不准确、产品周期的测量不准确与产品市场的测量不准确等原因造成的。

国外有一句谚语："除了死亡、税收以外，没有什么是确定的。"在电商企业创业的过程中，套用这句谚语则可以改为：除了风险外，没有什么是确定的。这句话实际上指出了电商风险存在的普遍性，电商风险事件的发生将给电商企业带来不同程度的损失。风险的普遍存在性使企业的风险管理工作具有了一般意义。它使电商企业可以预防可能出现的与其希望结果的较大偏差，以保证企业经营目标的实现，也使电商创业企业可以沿着正常的渠道健康成长。

二、电商创业风险的分类

电商创业企业的最大特殊性在于其从无到有的成长过程，其成长过程中充满了各种不确定性。可能给电商企业带来损益的不确定性就是风险，所以电商创业企业是一个风险集中的组织。电商创业的过程就是对各种风险进行有效防范，把不确定性变为确定性的过程。电商创业企业面临着比大企业更多、危害更大的风险。要对电商创业企业面临的多种风险进行有效的防范，必须在对其识别的基础上进行分类，以便针对不同种类的风险使用不同的防范办法。欲对电商创业风险进行有效的管理，需要先对电商创业与经营风险按照多个标准进行分类，以便对其能够有一个较为全面的了解。

1. 按照风险后果划分，可以分为纯粹风险和投机风险

（1）纯粹风险是指会因为风险因素导致只存在损失的可能而没有获利可能的风险。换种说法就是，纯粹风险只存在"损失"这一种结果。在创业过程中，大多数的自然风险都属于纯粹风险，但也不是所有的纯粹风险都源于自然风险。

（2）投机风险则是损失与获利可以同时存在的风险。

2. 按决策主体的角度划分，可以分为系统风险和非系统风险

（1）系统风险来源于公司或企业的外部环境，例如经济衰退、经济和社会相联系的风险等都是不能够通过投资来进行分散的，因此又被称为不可分散风险。

（2）非系统风险来源于公司或企业本身所进行的商业活动以及财务活动，如企业的管理水平及法律诉讼等。这些是可以通过投资组合来分散的，也被称为可分散风险或公司特有风险。

3. 按风险是否可通过保险转嫁的情况，可以分为可保风险和非可保风险

（1）可保风险是指可以通过支付保险费向保险公司进行转嫁的风险，如建筑物的火灾保险、交通车辆的责任险等。这些可保风险是建立在大数法则与统计规律的基础上的，当具有众多同类的标的处于相同的危险之中时，保险公司就通过收取保险费的方式使风险在众多标的之间进行分摊，一旦某一个保险对象发生危险事故就可以从保险公司得到补偿，以减少风险事故的损失。

（2）非可保风险（不可保风险）指的是因为无法确定风险发生的概率或者说标的数量不够多，而不能够使这个风险在众多风险单位间分摊。

这种风险的分类方法为电商创业企业提供了一种基本的风险管理方法：对于可保风

险，电商创业企业应向保险公司进行转嫁；对于不可保风险，电商创业企业应采用避免、自留、预防、抑制等方法减轻风险事故发生的危害。本书所研究的风险主要是不可保风险。

4. 按照风险与公司财产或其环境的关系可以分为与财产有关的风险、与顾客有关的风险以及人力资源风险等

这些方面一旦产生重大损失，将会给创业企业带来致命的灾难。前两类风险一般是可保风险，后几类一般是不可保风险，后几类风险是本书研究电商创业与经营风险的主要内容。

三、电商创业风险的管理

风险管理是企业管理的重要组成部分，对处于创业阶段的电商企业而言更是如此。企业的风险管理指的是通过一系列的管理安排保障公司的财产，并增加公司的商业营运能力。风险管理来源于保险管理，但它是不同于保险管理的概念。实际上，风险管理具有更广的含义，它覆盖了可保风险与不可保风险两个方面以及不可保风险的管理方法选择，以降低此类风险。

较大的企业有能力承受一般意义上的风险损失，而风险损失对处于创业过程的小企业来说却是致命的。如果把大企业比作一个成年人的话，那么，电商创业企业就犹如一个正在蹒跚学步的婴孩，且这种学步是没有家长或老师引导与保护的，因此面临着巨大的危险。电商创业企业要在自己的努力下学会正常地前进，并在这种学习过程中健康成长，就必须学会认识各种风险，并具备处理各种风险的能力。据报道，英国1990年倒闭的创业企业中，70%的企业生存时间不足3年。识别各种风险、预防风险、管理风险，消除各种风险可能带来的潜在损失对电商创业企业而言具有重要的意义。

四、一般企业的风险管理过程

风险管理是指人们对各种风险的认识、控制和处理的行为，它要求人们研究其发生和变化的规律，并且估算风险对其可能造成损害的程度，从而去选择有效的手段去处理这个风险，最终达到用最小的代价去获得最大的保障。这是一个对纯粹风险暴露的系统识别与管理的过程。成熟企业都有一个专门部门和高层经理主管企业所面临的风险，以使风险损失对实现企业目标的负面影响最小化。电商创业企业一般规模较小，其风险管理的任务主要落在电商创业者身上。

迄今为止，风险管理已经形成了一般的管理原则，成熟企业通常以此来管理其所面临的风险。风险管理的流程一般包括以下4个环节：识别风险、风险评估、选择风险管理的方法和风险管理的实施和效果评价。

1. 识别风险

企业和个人都会面临许多潜在的风险。管理这些风险的首要条件便是去识别这些风险，也就是要对企业面临的现实及潜在的风险加以判断、归类并鉴定风险性质。识别风险一是要去感知风险，二是去分析风险。风险的识别对传统的经营管理有至关重要的意义，识别以经营活动、财务活动、战略活动等风险暴露来源为主的企业风险有助于企业目标的实现，也有助于创业企业的健康发展。

2. 风险评估

风险评估是指在风险识别的基础上，对所收集的大量的详细损失资料加以分析。这一阶段可按照相关损失发生的概率进行分类，再进行损失概率的评估，与此同时也要分析损失的规模与幅度，让风险分析达到定量化。要确定系统发生风险的可能性及其危害程度，就要先把风险发生的概率、损失的程度与其他综合因素结合起来考虑，然后再将管理风险所支付的费用与风险发生后造成的损失进行比较，通过比较结果来决定要不要采取措施对风险进行控制，评估结果可以为管理者进行风险决策以及选择最佳管理技术提供一个可靠的科学依据。

3. 选择风险管理的方法

在得到风险评估结果后，为了实现最终目标需要选择最佳的风险管理技术。风险管理技术可以分为两类，一是控制型风险管理技术，其目标是降低损失产生的频率以及减少损失的幅度，其重点在于去改变会引起意外事故以及扩大损失的各种影响因素。二是财务型风险管理技术，其目的是对无法控制的一些风险进行新的财务安排。对于有些情况，最好的计划是什么也不做，但在大多数情况下，可以通过安排复杂的方法为潜在的损失融资。

4. 风险管理的实施和效果评价

在做出风险管理方法选择的决策后，个人或企业必须实施其所选择的方法。风险管理应该是个持续的过程，对实施的效果进行评价是必须的。有时新出现的风险暴露或预期的损失概率或损失幅度发生了显著的变化，需要重新对其进行评价。效果评价是指使用风险管理技术后对其适用性及收益情况进行整体的分析、检查、修正和评估。通过这个效果评价结果来保证具体管理方法与风险管理目标能够一致，并且使其具体方案具有可操作性和操作有效性。

常用的风险处理方式

风险处理是指面对风险发生时使用不同的措施，达到以最小的代价实现最大安全保障的整个实施过程。风险处理有很多种方式，最常用的是避免、自留、预防、抑制和转嫁。

对电商创业企业而言，哪种风险管理方式更合理需要根据对风险评估的结果和具体的环境进行选择。例如，对于损失金额很小的风险，宜采用自留的方式；对于那些出现概率很大且损失金额高的风险，如财产责任风险，则应该采用转嫁的方式。

五、电商创业的基本风险防范管理方法

当需要用综合的办法来管理风险的时候，很多处于创业阶段的电商企业所采用的是仅依靠通过购买商业保险来分散风险的方法，对希望健康成长的电商创业企业来说这样

是远远不够的,因为它们所面临的风险不止这些可保风险。所以,电商创业者必须了解风险的来源,并在此基础上建立一整套风险管理的程序,在需要的时候可以分别或综合地加以使用。这些程序包括以下方面。

1. 预防风险

电商创业企业面临的各种风险可以运用相应方法减小,或者消除可能产生风险的条件。例如预防火灾可以采用多种方式:使用更安全的建筑结构,使用防火建筑材料和能够承受最大使用载荷的电线;在需要的地方使用报警设施和安全门;安装自动喷淋系统等。也可从风险产生的环境入手进行分析,找到减小或消除风险的相应办法。

2. 自我保险

明智的企业财务计划总是会未雨绸缪,这一理念与电商创业企业的风险管理也是相适应的。财务风险管理方式常被称为自我保险,尽管因为需要付出一定的成本而在实际的商业运作中很难实施。

自我保险可以采用一般方式或特殊方式。在一般方式中,企业每年必须从营业利润中拿出一笔钱作为未来可能发生损失的基金,无论风险的来源如何,其带来的损失都可从这笔基金中得到补偿。在特殊方式中,自我保险的程序是指定基金专门用于某些特定的风险损失,如财产、医疗或对职工的补偿。有些公司对风险的管理在很大程度上依赖于自我保险。自我保险的执行需要进行认真监管,以保证其利益的实现。在我国,企业常见的自我保险计划包括职工的医疗保险或其他补充保险。电商创业企业可以此为参照进行风险管理。

很明显,自我保险计划并不是每个创业企业都可以提供的,因为电商创业企业的资金状况往往并不是很宽裕。据美国学者对创业小企业风险管理的研究,一个小公司必须具有至少25万美元的净值并且团队至少有25个人时,才有可能从事这方面的工作。当然,这并不是一个绝对的条件。当面临较大的责任风险时,创业企业就应该创造条件进行自我保险,除非他们在可能会有损失的领域都进行了商业保险,以避免企业遭受较大的损失。

3. 风险分担

随着科学技术的飞速发展,市场竞争程度越来越激烈,一件产品所需要的生产周期变得越来越短,需求市场对产品的要求也在不断地提高。此种现象的出现导致企业不仅要有高水平、多类型的研究开发人员,还要具有优良的研究设施设备以及成熟稳定的销售渠道,这就要求创业企业要拥有一切领域的高水平人才和设备。但是对于电商创业企业而言,其各方面的能力是有限的,这个要求相对而言不太现实。所以,创业过程中必然会出现许多方面的协作和联合。此外,因为创新是有极大风险性的,所以为了加强电商创业企业的薄弱环节以及分散其创新风险,也会出现诸多与其他企业和科研单位共同研究开发的情况。市场开拓是决定电商创业企业成败的关键因素之一,联合开发等方式能够有效减少创业风险。

无论企业性质有多大的差异,风险管理对企业来说都是一个严肃的课题,对电商创业企业来说尤其重要。过去,电商创业企业的失败率很高,最主要的原因就是它们没有足够的风险管理技术,或者是其主要管理者对风险管理没有给予足够的重视。这种情况经过主观努力是完全可以改变的，电商创业企业的管理者必须在对公司进行风险管理的过程中起到积极作用。

第二节 电商创业项目选择风险管理

一、电商创业项目选择风险及其表现

创业团队选择项目、制定模式、勾画前景的前提是对业务经营环境及业绩的假设，其中最重要的就是电商企业的市场营销能力、消费者对产品的接受程度等方面的判断。虽然在项目选择时电商企业已经按照相应标准进行了认真筛选，但由于电商创业企业提供的产品或服务无论是根本性的创新、改进性的创新，还是模仿，对市场而言都是陌生的、是没有经验的，因此，在经历消费者从了解到接受的整个过程中，其业绩也会出现波动，也时常会发生实际经营业绩与预期目标发生偏离的现象。

项目选择的风险指的是电商创业者在从事选定的经济活动后出现的盈利或亏损的不确定性，主要表现在以下5个方面。

1. 市场需求量的不确定性

消费者见识过很多传统的技术产品，所以这些产品的市场需求是较为明显的。但是电商创业选择的产品一般会依托某项创新技术，而这些技术多数都是新鲜前沿的，所以产品市场多是潜在且待成长的。这类新产品推出后，顾客因为不了解所以对其持观望态度，甚至有时会在某种程度上做出错误判断，就使顾客对新产品的接受程度往往会随着技术的更新而降低。以洗衣机为例，在其初上市的时候，顾客担心洗衣机洗衣服对衣服会造成损伤，厂家、商家及媒体不得不反反复复向人们做出宣传，即"洗衣机只会加快洗衣速度而不会损伤衣服"。与此同时一些用过的客户也来现身说法，才慢慢打消掉一小部分消费者对洗衣机的恐惧和困惑。所以，电商创业者对于市场是否会接受自己的产品或服务及其接受程度很难做出正确估计，但是一件商品在某个市场的总价值通常是由该商品的市场接受程度决定的。多数电商创业者在制订创业计划时，往往会根据自己调查的数据去进行主观上的推测，推测结果可能会过大地估计市场的需求量及接受程度。所以如果一项高技术产品在前期的制作与推出过程中投入巨大，而产品的市场需求量及接受程度较小，更或是在短期内该产品不能被市场所接受，那么这件产品的市场价值就不能实现，创业者的投资就无法收回，电商创业活动就会因此终止。

2. 市场接受时间的不确定性

无论是一种市场上全新的产品还是已经存在的同类产品。不可能一进入市场就会被接受，总是需要一定的过程和时间，这个过程可能会很长也可能会很短，如果这个阶段企业有雄厚的资金投入到广告宣传中去，那么这件产品为市场所接受的等待时间就会变短；反之，等待时间就会变长，因此不可避免地会出现产品滞销甚至积压。在此阶段中，电商创业企业固有的资金短缺现象可能使其面临资金不流畅的风险，最终导致电商创业

夭折。

3. 产品的市场扩散速度的不确定性

一件新产品被生产出来后，其扩散速度是无法估测并计算出实际结果的。例如，1959年美国哈德公司就研发出了施乐914复印机，并想要与IBM公司进行合作。但IBM公司却拒绝了哈德公司发出的合作邀请，原因是IBM公司对10年内复印机能够售出的数量做了一个预测，其结果是仅仅能售出5 000台。然而出乎IBM公司意料的是，人们迅速接受了复印技术，复印机被广泛应用于各个领域，而研发出该商品的哈德公司售出20万台复印机仅用了30年的时间。在此之后，哈德公司更名为施乐公司，成为拥有10亿美元资产的大公司，而IBM公司却为自己当初的估算错误而造成的损失懊悔不已。

4. 市场竞争能力的不确定性

对于一项产品尤其是高新技术产品未来的市场竞争能力，就是电商创业者本人也很难去预估和确定。因为产品的市场竞争能力是产品服务、产品价格竞争力与产品功能等因素的优势综合的结果。

在价格上，因为研发出一项高技术产品所花费的成本较高，所以为了实现高回报的收益，产品在上市之初的价格也比较高。但是如果产品的定价超过了市场的承受能力，让市场所接受就会变得非常困难，从而无法顺利实现高技术产品的商业化、产业化，那么投资就无法收回，比如，我国VCD市场的先驱者万燕公司因为高估了市场可接受价格而陷入被收购境地的经历就是惨痛的教训。除此之外，某项具有功能及价格优势的高新技术产品刚上市时还有可能面临被仿冒的风险，发生"假李鬼打败真李逵"的问题。

5. 市场战略的不确定性

一项好的高技术产品或商业计谋若没有好的市场战略、策略给予支持，在价格定位、用户选择、上市时间、市场区域划分等方面出现问题，该产品在市场开拓方面就会增加新的困难，最后甚至可能出现功亏一篑的状况。

二、电商创业项目选择风险的规避方法

1. 搭建策略调整机制

电商创业企业的创业团队首先应能识别和评价创业机会，然后将创业机会转化为现实的商业模式。在此基础上，电商创业团队会根据企业的内部资源条件及外部环境的变化，对开始的想法不断进行修正，最后得到一个最合理并且最有效的投资行为，让企业的战略路线越来越清晰。就市场营销的战术层面而言，企业的投资行为及战略路线都是需要企业进行不断调整修正，以适应不断变化的行业结构，要求高效地整合并运用企业的各类资源。

建立市场预测及策略调整机制就是企业在日常运营和工作中，定期对市场发展现状进行分析和预测，保持对关键市场的市场敏感度，与此同时要结合产品在试销推广阶段制定的市场营销策略，进行有效调整的机制。

2. 学会放弃，等待机会

在实践电商创业设想的过程中有两种情况：第一，电商创业企业通过对市场的考察，发现自己提供的产品或服务无法满足所考察市场短期的需求，甚至无法满足三五年内的

市场需求，那就可以停止对该产品或服务的各项投入，如人力、物力和精力的投入；第二，通过考察发现该产品或服务无法满足现阶段的市场需求，但无法确定能否满足接下来三五年的市场需求时，电商创业企业可以暂时停止或大幅减少对现有产品或服务的投入，等待市场趋势明朗化后再做决定。此时的等待并不意味着放弃机会，而是做好充分准备以获取最大的利益，因为等待意味着拥有对未来做出进一步决策的权力，而这种权力具有优于现在就做出决策的价值。

3. 与强者联合，规避项目选择风险

电商创业企业在创业实践过程中还会遇到一种情况，就是虽然短期内市场对它们提供的产品或服务的需求不够明显，但是经过一定时间的投入和培育消费的需求就会慢慢增多。当然，市场需求增多后，企业的经营业绩仍然取决于该阶段企业的资源情况及经营实力。在此种情况下，借助行业中较强企业的力量不失为有效、简捷的方法之一。

4. 树立以市场为导向的整合营销理念，顺应产品生命周期，采用系统且合理的市场营销策略

处在瞬息万变的市场环境中的创新企业进行一切活动的基础和前提是树立正确的市场营销理念，重视企业的市场营销作用。苹果、华为、小米这些创新企业的成功并不一定是因为他们拥有最好的产品和最先进的技术，而是在创业最初便拥有正确的营销策略和营销观念。他们的每一项企业行为无论是研发还是生产销售和售后服务，都是基于更好更快地满足消费者需求。

仔细分析一般产品的典型销售历史，就会发现它们都有一个生命周期，即从导入期到成长期，再进入成熟期，直到衰退期。因此在产品的每一个生命阶段中，该产品的经营企业都会面临不同利润潜力和销售增长潜力的机会与问题，这个时候就需要对所选择的营销策略做出相应的调整，让其更加适应该阶段的市场。

在导入期，不管是消费者还是市场都是存在许多不确定性的，如需求、技术、竞争地位是不确定的。营销策略的关键在于尽可能减少不确定因素，通过大量的促销等市场开发力量、完善的售后服务体系和高素质的营销队伍建设，让顾客清楚地明白他们将从产品、服务中得到何种利益，这样有利于消费者更快接受新生事物，并尽力消除各种障碍。

在成长期，市场需求上升得很快速，技术发展也越来越成熟，随着更多的企业参与创业，产品的市场竞争越来越激烈，各家创新企业都为了抢占更多的市场份额而埋头发展，但市场的定位仍未明朗。在该阶段，面对市场企业的总体原则就是要密切注视市场结构，发现其变化之处，从中找到需求的差异性，然后针对这种差异性在企业的形象、产品、服务、渠道上进行各种改进，最终与顾客需求相适应。不断扩大企业规模并且提高市场占有率，从而取得市场地位，树立良好的品牌形象并采取建设分销渠道等措施，可以制造对新进入者的障碍。

进入成熟期，顾客的特定需求固定下来，少数领军企业在该市场的占有率会相对趋于稳定，产品或服务的销售增长速率会由加速增长变为减速增长，企业的利润增长率由此开始下降。在这个阶段企业如果故步自封、不求上进，不去寻找新的突破，那么只能加速企业的衰退。企业在取得某个阶段的成功时，需要做的是对取得此次成功的关键因素进行深刻的反省，从中寻找到不足和优点，并且探讨市场竞争规则改变的可能性，以及企业进行进一步创新会带来突破的可能。在此阶段企业想要开辟新的利润增长点，可以采取的措施

是寻求新的细分市场、发展产品的新用途以及对企业现有业务模式、营销模式的重新组合。

5. 制定合理的价格策略

针对不同的产品采用差异的定价策略。对于一般商品，可适当调整产品质量或功能，进行差别定价，对于某些功能单一的产品甚至可采取低价倾销的方式来吸引顾客。

第三节 电商创业信誉风险管理

一、识别电商创业信誉风险

为了更好地对信誉风险进行管理，电商创业企业首先应能够识别信誉风险，通过对信誉风险的各风险源进行观察，及时发现出现风险的苗头，以便尽早采取应对措施。

1. 产品质量和服务水平出现问题

产品质量和服务水平是企业信誉的外在表现，它们是消费者对一家企业信誉的第一印象，也因此决定了消费者对电商企业信誉的认可度。企业销售某件产品的前提是该产品的质量要能够满足消费者的需求，一旦产品质量出现问题，或者是企业宣传的产品功能与消费者买到的产品不相符，或者是出现了越来越多的顾客投诉产品的质量问题以及产品返修率上升等情况，那么此时该电商企业就会面临着产品质量的信誉风险。除此之外，消费者考察企业信誉还可以通过企业的服务水平，如果消费者在消费阶段接受到的服务水平突然下降、消费者对服务质量的投诉增加或者企业提供的服务形式和内容不能够满足消费者需求，那么这个时候企业就会面临服务信誉风险。以上两种是电商企业在创业阶段会面对的主要风险。

2. 客服信誉意识淡薄

客服是企业的直接代表，是电商企业和顾客接触的终端，顾客通过客服了解企业的文化内涵，客服的行为直接体现了企业对待服务的态度与意识。如果客服存在讲粗话、服务态度不好以及不维护公司利益的行为，会直接损害公司的形象，使企业面临信誉风险。

3. 企业存在欺骗行为

当今社会是信息时代、大数据时代，信息的不对称性导致有些企业会利用网络信息技术侵害别的企业或相关利益者的权益，损害企业自身利益。当电商企业经营者违规操作或者未经过相关部门的批准做出违法或者欺骗消费者的事情时，电商企业将面临着信誉风险。

4. 同质企业信誉受损

同质企业是一个有机整体，改变其中某一点会引起整体的变化，就是其中任何一个企业信誉受到损伤都会影响并连累其他企业。古往今来，诸多企业的成功事实都能够证实信誉良好的同质企业可以增强企业信誉，同质企业信誉差则会一定程度地削弱所在行业其他企业的信誉。例如，三鹿奶粉因为产品质量不合格而导致国产奶粉信誉一落千丈。

二、规避电商创业企业信誉风险

在准确识别信誉风险后，结合引发信誉风险的具体原因，可采取有针对性的风险控制方法。对于电商创业企业的信誉风险，可采取的规避方法包括如下方面。

1. 提高产品质量，提升服务水平

提高企业信誉的关键因素是产品和服务。产品和服务是电商企业信誉重要的体现因素之一。随着社会的不断进步，消费者对产品的质量重视程度也越来越高，消费者对产品的满意度和忠诚度会随着产品品质和服务水平的提高而提高，这二者的提升会进一步促进企业信誉的提升。为了确保、提升产品和服务品质，电商创业企业要加强产品质量监督、改善产品设计、引进新的产品功能、提高产品文化内涵、端正服务态度、加强服务意识教育、改善服务流程、增加服务种类、制定个性化服务、提高服务水平。电商创业企业只有不断提高产品和服务质量，才能赢得社会公众认同，提升企业的信誉度，降低信誉风险。

2. 贯彻信誉意识，加强信誉监管

电商创业企业要重视信誉，加强员工信誉理念的学习。可通过培训、宣讲、网络教程等方式，加大力度宣传，建立内部奖惩机制，通过奖励、提升、处罚、降职等手段来建设员工信誉。电商创业企业的经营者也应起带头作用，以身作则，贯彻落实信誉建设。可设立信誉监督机制加强企业信誉监督，使经营信息在公司内部流通，把企业经营者的信誉和他们的收入水平及职位挂钩。通过这些具体的措施，在企业内部形成讲信誉、重信誉的良好风尚。

第四节 电商创业资金链断裂风险管理

一、电商创业资金链断裂风险

资金链是指企业为了维护正常生产经营所需要的基本循环资金链条，是企业现金流在某一点的静态反映。企业资金链分为三个部分：资金投入链、资金运营链、资金回笼链。资金由股东或债权人投入后，经过企业的运营，最后销售产品，回笼资金，实现资金的增值过程，这一简单循环就形成了完整的资金链。

资金投入链与企业筹资活动有关，筹资环节的安全程度与企业的筹资能力相关，企业筹资能力由资金运营链决定。资金运营链是企业资金链的灵魂，资金运营链是企业业务运营在资金链上的反映。如果资金运营链出现问题，如企业流动比率、速动比率等过低，营运资产不能满足企业经营发展的需要，则企业的资金链会变得脆弱甚至断裂。

资金链断裂是指企业发生债务危机，不能偿还到期债务。资金链断裂表现为一种瞬间现象，但是发生资金链断裂的根本原因在于企业形成利润的过程，以及利润能否真正实现，即资金回笼链是否正常。所以，评价一个企业的资金链是否安全、是否容易发生断裂应从企业的短期偿债能力入手,同时又要兼顾企业的资金运营链及资金回笼链是否健康。

电商创业企业在生产经营活动中的资金循环要经历采购、生产、销售、分配等诸多环节,不论哪一环节出现问题都会带来资金链断裂的风险。

二、建立电商创业企业资金链断裂预警管理的策略建议

1. 完善对资金链运作的管理和监督

电商创业企业必须健全对资金链的统一管理,能够有效筹集和运用资金。这就要求企业从两个方面出发,一方面企业应该认真研究国家政策,如贷款政策、资金市场利率走向等;另一方面要盘活资产存量,及时清理闲置积压资产,同时也要加大应收账款的回收力度,加快资金周转,还要建立内部结算中心进行统一的财务调度,制定科学合理的资金运作方案,通过优化资本结构、降低资金使用成本、建立偿债准备金等手段来合理安排使用资金,防范资金链断裂的财务风险。

2. 运用计算机建立资金链风险的防范机制,增强风险抵御能力

电商创业企业要运用计算机智能设立财务风险评价指标及预警提示系统,以计算机分析技术建立的风险评价模型为基础,建立风险防范机制。

3. 树立资金链战略与日常管理相结合的科学理念

电商创业企业可以从两方面出发树立资金链战略与日常管理相结合的科学理念,一方面要着力于保障企业的持续经营,在经营决策层面依靠财务战略提供较高层次的支持,侧重体现财务部门在企业战略实施过程中主动参与的程度;另一方面则要主动屏蔽破产的风险,在企业内部建立资金管理制度及内部控制管理制度,以在经营决策过程中提供决策支持,这主要体现在企业规避风险过程中财务部门的直接参与程度。除此之外,企业还要主动投身资产重组管理体系的建立,参与重组损益的企业需要寻找下一个效益链支撑点。

第五节 电商创业企业人力资源风险管理

经历电商创业初期的风风雨雨后,电商创业企业看到了发展的曙光,产品有了销路,财务状况逐渐好转,但又会有新的风险来袭扰电商创业企业。企业发展目标不明确、高层管理团队成员的心态失衡等人力资源风险问题可能会把经营刚有起色的电商创业企业推向死亡。

一、人力资源风险概念

人力资源风险主要指由于人的因素,包括电商创业者、电商创业团队中的主要成员对电商创业企业的发展产生不良影响或偏离经营目标的潜在可能性。这类风险有三种:一是电商创业者的素质不再符合电商创业活动的要求;二是电商创业团队不和谐、不忠

诚；三是人员流失。

二、人力资源风险类别

1. 关注个人因素产生的风险

个人因素产生的风险包括3个方面：

（1）人的诚信（常称为用人风险）。严格把关，防止在人力资源选择过程中因失误而造成风险。在企业的内部建立完善且严格的控制制度，减少存有他心的人有盗窃、做假甚至吃回扣的可能性。

（2）人的能力。用有专长之人，水平不高和能力不足者也会给企业带来风险。

（3）人的变动。企业经常的人事变动也会引起风险。

2. 关注电商创业团队风险的主要来源

电商创业团队中有没有形成共同的意愿和目标，能不能形成和谐的电商创业团队，团队角色的配置是否合理、团队成员能不能自觉遵守规章制度和纪律，这些因素都是可能影响人心分离等人力资源风险的原因。

3. 关注人员流失可能带来的风险

企业人员流失是一种流动性风险，虽然它是一种正常现象，但往往会给企业带来不同程度的损失，例如关键技术丢失的可能性、商业情报和市场丢失的可能性等。

电商创业企业应特别注意，对一般小企业来说，有良好技能的人就是人才，人才流失是企业最大的损失。重要岗位关键员工的存在是企业生存和发展的基础，他们的流失可能给企业的运营带来种种困难，同时也可能会带走企业的商业情报和一定数量的客户，甚至其完全有可能加入另一家与本公司业务相同的公司，从而带来商业上的竞争。这是企业在用人时需要考虑到的风险之一。

三、电商创业者风险的预警

为了避免电商创业者风险出现破坏性的后果，创业者应该通过阅读财务报表、观察电商创业者行为等措施建立预警机制，做到防患于未然。

1. 电商创业者的追求偏离既定目标

电商创业团队应该时刻注意警觉该团队中占据主导地位的创业者所追求的目标是否发生偏离。偏离的形式是多种多样的，主要有以下几点：

（1）主要电商创业者追求的目标是当甩手掌柜，以减少对企业经营活动的关注。

（2）企业经营活动不按照经济规律办事，而是趋于政治化。巨人集团失败的导火线是因为要盖的巨人大厦把建造层数从18层转变到72层。巨人集团为什么要盖一座以自己的财力、物力无法支持，而且很长一段时间都使用不了的大楼呢？主要原因在于企业主导者目标的改变，主导者想为珠海市争光，在此过程中有些领导建议盖更高的层数。导致其预算从2亿元、工期2年变为12亿元、工期6年。后来为了填补这座大厦的亏空，巨人集团将所有流动资金以及在香港卖楼的钱都投入其中，最终也没有填满。最后的结果就是大厦没有盖起来，集团惨遭破产。

2. 主要创业者感情用事，接连做出错误的决策

团队应该对不符合常理的现象引起足够的重视，并且要及时采取相应的措施去预防、阻止。如果主要创业者感情用事仅仅是因为在市场上的竞争压力太大，那么可以通过专业的心理医生对其进行纾解；在情况不允许时，团队也可以选择该创业者的好友来帮忙疏导，让他意识到自身的问题并且做出相应的改善。对于主要的电商创业者来说，他在企业中的作用和影响很大，需要及时地认识自身并不断提升自己。

3. 电商创业者长期独断专行的决策方式

当电商创业企业度过艰难的创业初期后，企业会飞速发展并快速扩大规模。这时创业初期的管理方法就无法满足企业发展的需要了，但是企业的决策仍然是由主要电商创业者做出，其决策机制如果没有随着企业发展的需要而做出相应的改变，此时主要创业者因心态及视野有限就会做出某些相对错误的决策。创业团队面对这些现象应该引起足够的重视，并采用相应的对策去解决。

在电商创业初期，企业为了面对创业初期的诸多问题需要用集中决策来保证企业的高效率。但是当企业进入成长期时，个体决策就应转向群体决策。因为此时企业的经营业务会随着企业的发展变得越来越多，这时创业团队就需要从多个方面去考虑，然后做出相应的决策。群体所做的决策虽然不一定是问题的最优解决方式，但一定可以避免企业出现最坏的结果。

为避免创业者长期独断专行，企业可以合理借鉴一些科学的决策程序。刘永好曾说过，在新希望集团决定做出某项投资决策时，会先找来相关领域的专家进行论证，如果专家提出了相反的意见，能将他们的投资项目推翻，认为不应该投资该项目，并且集团认为这种结论可以使集团规避风险，就会给予相应的奖励。这种决策程序能在很大程度上避免电商创业者决策的随意性，保证了投资项目的科学合理。

四、电商创业团队风险预警

同其他风险一样，电商创业团队风险也不是突发的，而是多种风险因素积累到一定程度的结果，所以采取适当的风险预警措施对控制电商创业团队风险是大有裨益的。

1. 在成立创业企业之前，创业合作者应该开展合作协调性测试

如果对于合作者之间是否有协调性这个问题的答案是"没有"，那么创业者们就要早早准备，做好预防，来应对后期可能会产生的问题。没有人会在价值观、目标、拥有多少股份等方面持有完全相同的意见，因为人们都会由于各自所持角度的不同而产生相异的意见，创业者们同样如此，一旦在这些方面产生分歧而且没有得到很好地解决时，势必影响新创企业未来的生存和发展。所以，电商创业团队需要在企业试运行阶段中主动地考察团队成员对企业的责任感和贡献度，并且提早做出相应的解决，否则在企业后期的经营过程中，没有发现的问题将会暴露出来，此时再想去解决可能就为时已晚了。

2. 是否存在电商创业团队成员间收益和持股比例的过分平等现象

电商创业团队成员的股份比例、工资等各方面都是要根据创业成员的贡献程度来做出划分的，不可能做到人人平等，因为过于追求"一碗水端平"会带出诸多不利于企业做出决策的影响因素。

3. 主要电商创业者要对团队成员某些具有潜在破坏力的动机保持足够警觉

现实世界虽然提倡高素质、高品德，但并不是所有人都是如此，在追求利益的时代，掠夺、欺骗和虚伪等现象是不可能完全消失和停止的。所以，电商创业团队的大多数成员特别是主要电商创业者应该十分理性，要主动在行动中观察团队成员，而不是简单地以希望感情投资得到回报的心理来处理与团队成员的关系。

4. 电商创业团队是否具有动态发展观念

这里所说的动态发展观念包括两点：

（1）企业的创建与发展是一个动态的过程。

（2）电商创业团队的组成会随着时间的变化而变化。电商创业团队最初的合作协议经过一段时间后就不再适用了，不能真实反映团队成员的实际贡献了。既然是团队，就会不断出现人员的流动，要建立一套完善的机制应用于内部结构的调节就必须先有一个具有发展观念的电商创业团队，具有动态发展观念的机制也有利于成员体面地离开。

认识到有电商创业团队成员有可能会随着企业的发展而离开，新创企业就会在人员、资金等方面做一定的准备，不至于觉得团队成员的离开不可接受从而对其加以阻挠，最后造成企业的内耗。

五、关键员工流失的风险控制

关键员工流失的风险控制是在风险事故发生后，为了将损失降到最低而采用的一系列制衡和约束措施。这些措施包括以下3个方面。

1. 做好招聘工作

招聘是管理核心员工的第一步。在引进人才时，不仅要看他们是否具有与岗位相匹配的技能，更要注意考察他们的职业道德和团队合作意识。对重要岗位的人员选聘不当，将会给企业带来隐患。

2. 契约约束

企业可以与关键员工在合同中阐明责任、权利和义务，一旦出现问题可诉诸法律。如双方事先签订"竞业禁止"协定，要求员工在离开企业后的一段时间内不得从事与本企业有竞争关系的工作。企业还可以在合同中规定如果员工离开企业，需要继续为本企业保守商业秘密、技术秘密等，同时规定相应的补偿措施。

3. 建立人力资源信息系统，从企业内外搜集相关信息，加强信息管理

企业内部信息包括在职人员信息、离职人员信息、人才储备信息、员工工作动态跟踪信息等。通过这些信息，企业可以了解关键员工离职率及离职原因，从而有针对性地采取措施。例如，根据以往的平均离职率预测这一阶段的离职人员数，提前挑选后备人员进行培训，这样就降低了离职发生时岗位长期空缺给企业带来的损失。在关键员工离职时，应通过问卷调查总结他们离职的真实原因，以发现管理中存在的不足，改善用人、留人政策。

企业外部信息主要包括同业人员信息、同业人才需求和供给信息等。通过对人才供给状况的了解，企业可以快速有效地为关键员工流失后的空缺岗位补充优秀人才，从同业人员信息中也可以了解其他企业的薪资福利情况和行业平均薪资水平，企业可以此审视自己的薪酬政策是否合理。

第六节 电商创业技术风险管理

一、电商创业技术风险的概念

技术风险是指在技术创新过程中,由于技术方面的因素及其变化的不确定性,导致创新失败的可能性。电商创业活动常常表现为将某创新技术应用到实践,将虚幻的构思转化为实质的产品或服务的过程。创业企业无法对新产品投入市场的前景做出准确的预测,这是因为新技术的出现不仅受到技术的制约,还受到其他诸多因素的影响。技术风险应该包括技术从发明到商业化、产业化过程中可能出现的各种不利结果。美国布兹阿伦和哈米尔顿咨询公司根据51家公司的经验,归纳出了新产品设想衰退曲线,结论是:从新产品设想到产业化成功的过程中,平均每40项新产品设想约有14项能通过筛选,进入经营效益分析;符合有利可图的条件、得以进入实体开发设计的只有12项;经试制试验成功的只有2项;最后能通过试销和上市而进入市场的只有1项。在新产品设想衰减过程中,许多不确定性因素被逐步排除,或者说可能导致风险发生的不确定性因素随着过程的进展而逐步减少,衰减比率因产品不同、技术的复杂程度不同而存在差别。

二、电商创业企业技术风险管理

要减少技术风险发生的可能性,首先要主动加强电商创业企业自身能力建设,其次可以建立创新联盟。技术风险发生的概率会随着企业自身能力的提高与改善而降低;与此同时,企业建立创新联盟也可以在一定程度上分散技术创新的风险。总而言之,电商创业企业应重点采取以下措施加强技术风险管理。

1. 加强对技术创新方案的可行性论证,以减少技术开发与技术选择的盲目性

在选择合适的技术时,一定要考虑企业技术能力的强弱、自身综合实力的高低以及消费者的需求。然后在此基础上科学合理地设计和开发新产品,以此减少技术开发与技术选择的盲目性,从而降低企业风险。同时,企业还要先做好足够的前期市场调研,在了解客户需求后再投入人力、物力以及财力进行设计;同时研究顾客相关需求,使研发瞄准和满足这些需求;彻底了解自己的产品,善于发现自己产品的缺陷,并采取各种可能的措施克服这些弱点。

2. 建立灵敏的技术信息预警系统,及时预防技术风险

电商创业企业掌握的有关市场、技术、管理等方面的信息越多、越新,越有利于企业做出正确的决策,企业承担的风险就更小;反之,承担的风险就会增大。因此,在信息技术日益进步的今天,电商创业企业更要重视科技的发展,跟踪监控国内外技术信息的动态,加强各领域信息的收集和整理。

3. 组建技术研发联合体

企业进行自主技术创新时往往会面临以下情况:承担极大的风险、耗费时间长、研发复杂程度极高，而这些困难往往是单个的企业无法承受的。这时就需要有相同目标的企业组建技术研发联合体，以分担单个企业的技术风险，并且实现优势互补、风险共担、利益共享，也更有利于创新技术的研发。技术研发联合体可以有三种类型：一是企业和实验室之间以协议备忘录的形式规定具体的研发项目；二是合作方不但在研发方面签署合作协议，而且在生产方面也实行风险共担的"合资生产"；三是组建合作内容包括研发、生产、销售全过程的产业联盟。

参与建立技术研发联合体可以使电商创业企业获得符合本企业特点的新技术，并能迅速将技术转化为新产品，有效避免企业与科研院所的体系脱节或避免企业不易获得具有开发价值的新技术等问题；由技术研发联合体共同负担技术研发费用，从而降低单个企业的研发费用。联合体内各成员强强联合、优势互补，有利于缩短研发周期，使研发成功率得以提高。可以扩大研发活动范围，单个企业在研发中的作用会由于其他成员的配合得以放大，产生协同效应。借助联合体的力量从事领域更多、难度更大的研发活动，可使电商创业企业在较低风险的条件下获得自主创新的技术，形成企业的核心竞争力。

此外，还可以利用风险投资、保险、证券市场等转移技术风险。这些方法也能使技术风险由投资者、投资机构、技术创新主体共同分担，从而实现部分转移主体风险的目的。单个企业可能会因为技术创新风险太大而不敢创新，而抱团创新则可以很好地规避风险。

4. 提高企业技术系统的活力，降低技术风险发生的可能性

企业技术系统的活力与其风险承担能力呈正相关。因此，要抵御技术风险，最根本的是提高企业技术系统的活力，通过提升和优化组织成员所掌握的知识和技能、企业内部生成的系统知识、技术活动的设备条件、企业的管理系统、企业成员共有的价值观和行为规范，可以达到提高企业技术系统活力的目的。具体来说：

（1）采用有效的激励机制，对技术创新人员采取一定的激励和约束手段，可以将主体技术风险部分转移到技术创新人员身上，同时使二者在利益上"一荣俱荣，一损俱损"，这也将极大地提高技术创新人员的工作热情。

（2）建立防御型组织结构。高效的防御型组织结构能避免技术人才和技术信息等要素的外流，防止因技术侵权而导致主体利益受损。

（3）加强研究开发、生产制造与市场营销人员的密切配合，提高企业团队整体的抗风险能力。任何产品没有好的营销策略、营销人员的配合都很难成功打入市场。这就要求制定有效的营销策略，加强对营销人员的培训，这样既能减少项目选择的风险，又能提高市场竞争力和占有率，树立良好的市场信誉和企业形象。

对创新产品保护不当，则可能被其他企业迅速仿制，企业就不能以独创性在一段时间内独占市场，获得应有的超额利润。若被他人抢先注册知识产权，企业不仅得不到利润，还要从别人手中购买技术使用费。因此，电商创业企业要重视知识产权保护。在技术资产设计成功后应立即申请注册，不要先宣传后注册、先供货后注册。对不受法律保护的技术，要注意保护工作，防止他人窃取；对侵权行为应坚决予以揭露，并通过法律途径求得解决。只有保持技术的先进性和实用性，保持自己的产品或服务在市场上的领先地位，才能使企业在竞争中立于不败之地。

任务小结

通过本任务的学习，了解电子商务创业风险的基本概念，了解电子商务创业风险管理的重要性，掌握电商创业的基本风险防范管理方法。

重点掌握识别电商创业项目选择的风险以及规避的方法；识别电商创业信誉风险及规避信誉风险的办法；了解电商创业资金链断裂风险并且懂得建立资金断裂预警的管理机制；识别人力资源风险及建立电商创业者风险预警、电商创业团队风险预警和关键员工流失的风险控制；识别电商创业技术风险及对技术风险进行管理。

思考与练习

1. 相对于成熟电商企业，初创电商企业的特殊性是什么？初创电商企业遭遇风险的特殊性是什么？

2. 结合专业背景，你认为自己创业最有可能遭遇的风险是何种风险？你会采取何种方法进行规避或防范？

3. 结合电商创业中的风险隐患问题，找出周围一家电商初创企业对其进行分析，对其所处的风险状况进行评估。

任务五 电商创业管理

学习目标

1. 掌握"电商创业管理"的基本理论
2. 了解电商创业的计划、组织、人力资源、财务、销售、物资、设备管理的含义、程序与方法

技能目标

能理论联系实践，合理运用相关创业管理知识

能力目标

对电商创业管理的理论和实践有较为全面、概括的掌握

素质目标

1. 培养学生的科学精神和态度
2. 培养学生自我学习的习惯、爱好和能力
3. 促进心理的成熟化

职业能力目标

学会运用企业管理理论、方法来分析和解决现代企业管理中出现的实际问题，提高学生对企业现实问题的处理和应变能力

案例导入　"80后"海归的电商创业梦

海归硕士隋鹏军工作之余自主创业，利用微信、淘宝等电商营销平台让文登苹果品牌走出家门，迈向全国。

2011年，隋鹏军在英国取得体育管理硕士学位后，回国进入上海一家外企。机缘巧合，他调回家乡威海分公司工作。闲暇之余他喜欢拍摄家乡的美景，并晒到网上与朋友们分享。慢慢地，隋鹏军发现朋友们对文登的苹果很感兴趣，于是萌生了利用网络平台将家乡苹果销售到上海的想法。

隋鹏军说，这样既可以帮助家乡的果农致富，也可以让在上海的人民吃到家乡的苹果，现在微信特别流行，他希望借助微信这种新媒体把家乡的苹果推广到全国各地。

在父母的支持下，2014年10月份隋鹏军开启了自己的电商创业之路。为让朋友们尝到清脆可口、甘甜多汁的苹果，他特地选择了红富士这个最能代表家乡苹果的品种，并注册了"远山庄园"商标。

隋鹏军说起未来的规划，第一步是希望和农业局合作，引导农民标准化种植，提高苹果的品质；第二步希望借鉴苹果的销售经验，把家乡的其他农特产品销往全国各地，比如夏天的樱桃和秋天的无花果；第三步是希望利用电子商务的平台，在天猫和京东上开设更多的电子商务网上店铺，让销量翻番。

电子商务作为一种新型商业形态，已逐渐成为青年创业新常态。在隋鹏军看来，做电商不可能一蹴而就，必须实施市场营销战略，塑造品牌来吸引消费者认同，才能实现销售增长。我们期待隋鹏军的人生因梦想更加精彩纷呈，也期待他的成功可以带领更多的电商创业者去收获丰富人生。

讨论：大学生应该如何运用企业管理理论、方法来分析和解决创业中出现的实际问题？

第一节　电商创业组织管理

电商企业是一个有机体，为使企业协调而有效地运转，必须建立统一的、高效率的生产经营管理系统。管理的组织机构是管理系统的硬件，各种权责制度（特别是领导制度）是管理系统的软件。精干的组织机构和完善的权责制度对实现管理职能、提高工作效率起着重要的作用。

电商创业企业组织管理是对企业管理中建立健全管理机构，合理配备人员，制定各项规章制度等工作的总称。具体地说，就是为了有效配置企业内部有限的资源，为了实现一定的共同目标而按照一定的规则和程序构成的一种责权结构安排和人事安排，其目的在于确保以最高的效率，实现组织目标。

一、电商创业企业组织管理的内容

(一)建立组织

按照电商企业目标要求和任务内容,建立合理的管理组织结构,包括建立多个管理层次和各个专业管理部门。

(二)规定职责

按照专业业务性质进行分工,规定各部门、各管理人员的职责范围。

(三)赋予职权

按照规定的责任,赋予各部门和各管理人员以相应的职权。

(四)规定协作

规定上下级之间、同级不同部门和人员之间纵横的领导和协作关系,建立信息沟通渠道和运行机制,使管理组织发挥预定的效能。

(五)配备人员

为各岗位选用、配备适合要求的工作人员。

(六)培训激励

对各类人员进行培训、建立考核、奖惩的办法,激励其工作积极性。

二、电商创业企业组织管理的原则

(一)目标明确化原则

企业组织结构设置的出发点和归宿点只能是企业的任务和目标。这就要求从实际出发,按目标设岗位,按岗位设干部。衡量企业组织结构设置是否合理的最终标准只能是组织结构是否促进了企业任务目标的实现,而不能是其他标准。

(二)专业分工和协作原则

现代企业管理工作由于专业性强、工作量大,应分别设置不同的专业管理部门,以提高质量和效率。同时,由于各项专业管理之间有密切的联系,有分工还需要协作配合好,因而必须采取正确措施,创造协作环境,加强横向协调,以发挥整体最佳效益。

(三)统一指挥和分级管理原则

组织结构设置应该保证指挥的统一,这是现代化大生产的客观要求。为此必须做到以下几点。

1. 实行首脑负责制

每一管理层次必须确定一个人负总责并全权指挥，避免多头指挥或无人负责。

2. 正职领导副职制

正副职间不是共同分工负责的关系，而是上下级的领导关系。由正职确定副职的分工范围并授予必要职权。

3. 逐级管理即"管理链"制

各个管理层次应当实行逐级指挥和逐级负责，一般情况下不应越级指挥。

此外，应该按照集权和分权相结合的原则，使各级管理层次在规定的职责范围之内，根据实际情况迅速而正确地做出决策。这不仅有利于高层领导摆脱日常事务，集中精力处理重大经营问题，且有利于调动下级人员的主动性和积极性。

（四）责权利对等原则

为了建立正常的管理工作秩序，应该明确一定职位、职务应当承担的责任，同时还应规定其在相应的范围内应具有的指挥和执行的权力。这种责任和权力要对应，防止有责无权或者权力太小、有权无责或者权力过大形成的两种偏差。前两种偏差将影响积极性、主动性，使责任制形同虚设，后两种偏差将助长滥用权力和瞎指挥。

责任制的贯彻还必须同相应的经济利益相结合，以调动管理人员尽责用权的积极性；否则责任制缺少必要的动力，将无法持久贯彻。

（五）有效管理幅度和合理管理层次原则

管理幅度又称管理强度、管理跨度，是指一名上司直接管理其下属的人数。一名上司能够有效地领导下级的人数就称为有效管理幅度。有效管理幅度受管理层次、管理内容、管理人员工作能力、组织机构健全程度和信息传递反馈速度等因素的影响。一般来说，上层管理工作主要负责战略性决策，有效管理幅度以 3~5 人为宜；中层领导主要负责日常业务决策，以 5~10 人为宜；基层领导主要负责执行性日常管理，以 10~15 人为宜。

管理层次是指管理组织系统分级管理的各个层次。一般说来，管理层次与管理幅度成反比关系。管理层次越多，管理的中间环节越多，信息传递速度越慢，信息失真越大，办事效率越低。管理层次过少也会导致指挥不力，甚至会造成管理真空。因此在设计组织结构时，必须妥善处理好有效管理幅度和合理管理层次的关系，以提高管理效率。

（六）稳定性与适应性相结合原则

企业的组织管理首先必须具有一定的稳定性，才能使组织中的每个人工作相对稳定，相互间的关系也相对稳定，这是企业正常开展生产经营活动的必要条件。同时企业管理组织又必须具有一定的适应性，因为企业的外部环境和企业的内部条件是不断变化的，如果管理组织、管理职责不注意适应这种变化，企业就缺乏生命力、缺乏经营活力。应该强调：贯彻这一原则时，应该在保持管理组织稳定性的基础上进一步加强和提高其适应性。

三、电商创业企业组织管理的类型

电商企业管理组织结构形式从其发展过程来看经历了两个历史阶段：传统阶段组织

形式和现代阶段组织形式,两个阶段都经历了由低级到高级的发展过程。

(一) 传统组织形式

1. 直线制

直线制是早期企业组织结构形式,又称军队组织形式。其特点是:从最高管理层到最低管理层皆为上下垂直领导,一个下属只接受一个上级领导者的指令。这种组织结构的管理与被管理关系像一条直线那样简单明了(图5-1)。

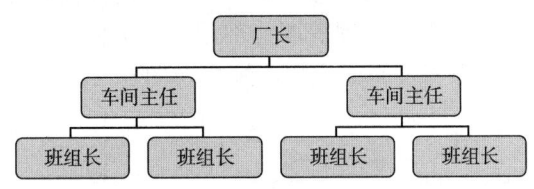

图5-1 直线制组织结构图

(1) 优点:结构简化,权力集中,命令统一,决策迅速,责任明确。

(2) 缺点:没有职能组织和职能人员当助手,要求企业领导有较强的素质,能通晓各种业务,成为"全能式"人物。

(3) 适用范围:适合于产销单一、工艺简单、规模较小的小型企业。

2. 职能制

职能制是19世纪80年代由泰勒首先提出的,其组织结构是各级行政单位除主管负责人外还相应设立一些职能部门。例如在厂长下面设立职能部门和人员,协助厂长从事职能管理工作。这种结构要求行政主管把相应的管理职责和权力交给相关的职能部门,各职能部门在自己的业务范围内有权向下级发号施令,因此,下级行政负责人除了接受一级行政主管的直接指挥外,还必须接受上级各职能部门的领导(图5-2)。

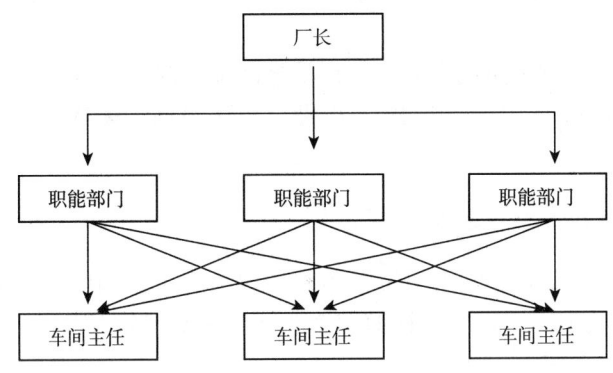

图5-2 职能制组织结构图

(1) 优点:根据管理业务确定不同的职能部门、行使管理职责,管理分工细致,提高专业化水平。

（2）缺点：政出多门，多头领导，协调困难，上层领导与基层领导脱节，信息不易畅通等。

（3）适用范围：未被推广。

3. 直线职能制

直线职能制是在直线制与职能制基础上发展起来的二者结合的组织结构，既按统一领导原则设置直线行政领导人，又按分工原则设置各级职能部门和人员。其特点是：按照工艺特点、产品对象或区域分布来划分车间、班组，建立直线系统。同时在各管理层次设置生产调度、技术检验、工艺管理等职能部门，作为同级领导者的参谋机构，对下级层次进行业务指导和管理服务，但无直接指挥权（图5-3）。

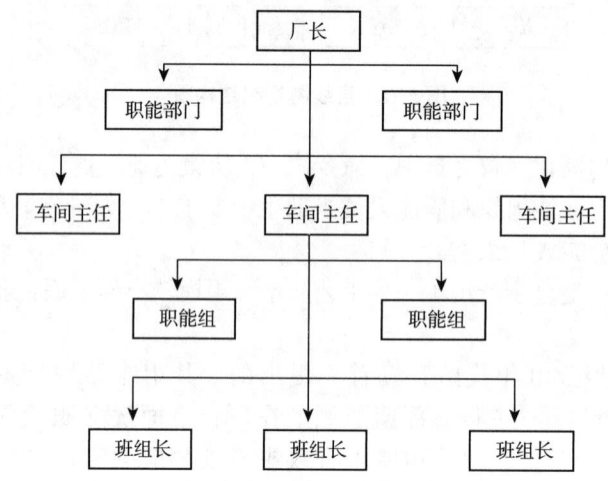

图5-3 直线职能制组织结构图

（1）优点：一方面保持了直线制实行直线领导、统一指挥的优点；另一方面又保持了职能制的职能专业化的优点，同时既摒弃了直线制粗放管理的缺点，又避免了职能制政出多门的弊病。

（2）缺点：职能参谋人员的权利、责任不易准确把握。

（3）适用范围：适用于中型或大中型企业。我国目前大多数企业采用的是直线职能制组织结构形式。

（二）企业电子商务组织架构

贸易型企业和网商型企业的组织架构不同，贸易型企业的电子商务组织架构分为协作部门和电子商务部门（图5-4），网商型企业的组织架构分为管理类部门和业务类部门（图5-5）。

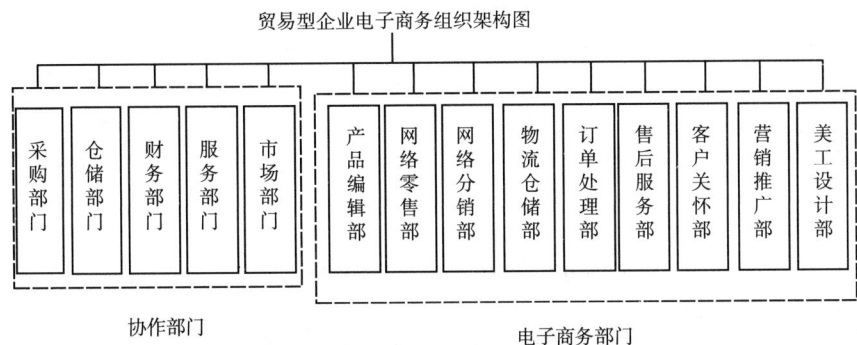

图 5-4 贸易型企业电子商务架构图

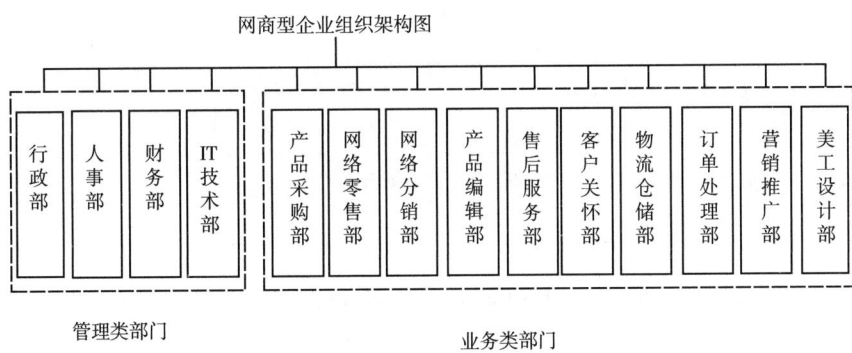

图 5-5 网商型企业组织架构图

(三) 电子商务部门职能及岗位设置

企业电子商务部门的职能如表 5-1 所示。

表 5-1　　　　　　　　　　电子商务部门职能

部门名称	部门职能	岗位设置
管理协调小组	由公司管理层组成工作小组，总经办直接领导，工作内容包括：战略规划、运营实施、项目监督、员工培训、管理部署、企业文化建设等	电子商务总监
产品编辑部	负责产品图片拍摄、处理，产品描述编辑，产品上架等	产品编辑
		摄影师
网络零售部	承担网上零售工作；负责在线答复客户、销售商品、订单处理等	零售主管
		销售客服
网络分销部	负责网络分销商的招募、管理、发货、支持等	分销主管

任务五　电商创业管理

103

续表

部门名称	部门职能	岗位设置
物流仓储部	负责管理仓库，进货、打包发货、进销存管理等	物流主管
		配货员
		打包员
订单处理部	负责打印发货清单、快递单、安排发货、监督运输等	复核员
		打单员
售后服务部	负责接待售后客户，处理纠纷、退换货、评价处理、客户答疑等	售后客服
客户关怀部	负责老客户关系维护及二次开发；客户数据库建立、数据分析、决策支持等	客户关怀
营销推广部	负责品牌宣传推广；网络软营销、广告；网店运营、网店促销等	营销专员
美工设计部	负责产品图片编辑，网店装修与美化，市场营销工作的美工支持	美工

电子商务部门的岗位职能与具体任职要求如表 5-2 所示。

表 5-2　　　　　　　　电子商务部门岗位职能与任职要求

岗位设置	岗位职能	任职要求
电子商务总监	制定电子商务部战略及规章制度，负责电子商务部运营、协调部门工作，企业资源与社会资源整合	良好的敬业精神和职业道德操守；了解电子商务，认同企业战略，熟悉企业情况；具备独立网店经营的能力，有网店管理经验；熟练掌握电子商务知识和网店业务流程；熟悉各部门的工作；沟通能力好、执行力强
营销专员	负责网店与产品品牌宣传推广，策划网店促销活动等	有创意、思维敏捷；了解网络购物市场及网购群体消费者习惯；熟悉各种网络营销方式
网店美工	负责产品图片拍摄、处理，网店装修与美化，负责市场营销工作的美工支持	熟练掌握淘宝知识和网店管理的各项功能；有美工基础，熟练使用 Dreamweaver、Fireworks、Photoshop 等软件；懂 Xhtml、CSS
产品编辑	产品标题优化，描述编辑，产品上架等	熟练掌握淘宝知识和网店管理的各项功能；熟练使用网店管理工具；熟悉搜索引擎
零售主管	管理网络零售部，负责人员分工排班、新员工培训、销售绩效统计等	6 个月以上网店销售经验，有团队管理经验，沟通能力好、执行力强
销售专员	负责在线答复客户、商品促销、订单处理等	熟练掌握淘宝知识和网店管理的各项功能；熟练掌握网店产品信息及产品专业知识；打字速度快，能同时应付 10 人聊天；有良好的网上沟通能力和销售技巧

续表

岗位设置	岗位职能	任职要求
分销主管	负责网络分销商的招募、管理、发货、支持等；负责通过 B2B 平台批量销售产品	熟悉淘宝分销系统管理、阿里巴巴诚信通管理，有分销代理体系制定与管理方面的工作经验
物流主管	负责仓库管理、物流管理、部门员工管理	掌握淘宝知识和网店业务流程；熟练使用进销存软件；熟悉产品知识，掌握各种产品的包装技巧；对快递物流的规则非常了解
复核员	订单复核、确认地址、货物无误	熟练掌握淘宝知识和网店管理的各项功能；熟练掌握网店产品信息及产品专业知识；熟练使用相关网店管理软件；工作耐心细致
打单员	负责打印发货清单、快递单、安排发货、监督运输等	熟练掌握淘宝知识和网店管理的各项功能；熟练使用相关网店管理软件，工作耐心细致
配货员	按照配货单进行配货、质检	熟练掌握网店产品信息及产品专业知识，工作耐心细致
打包员	对完成配货的商品进行打包	熟悉各类商品打包技巧，熟悉快递物流规则，工作耐心细致
售后客服	负责接待售后客户，处理纠纷、退换货、评价处理、客户答疑等	熟练掌握网店产品信息及产品专业知识，沟通能力强，能妥善处理各类客户纠纷
客户关怀	负责老客户关系维护及二次开发，客户数据库建立、数据分析、决策支持等	熟练掌握淘宝知识和网店管理的各项功能；熟练使用相关网店管理软件，工作耐心细致

第二节　电商创业计划管理

在市场经济的激烈竞争中，无论企业处于生命周期的哪个阶段，都会存在如何经营管理的现实问题，都会遇到怎样发展壮大的战略问题。创业企业的主要投资者和管理者需要对企业未来的发展壮大负责筹谋规划，为企业现实的经营管理做好长远的打算和近期的方案。

一、电商创业计划的含义

计划是一个广泛使用的用语，在现实生活的各个层面都有出现：学生的学习有计划；公务员的工作有计划；企业的经营管理有计划；国家的经济运行有计划……在不同场合，计划的含义可能不完全相同。一般来讲，电商创业计划是未来行动的方案，而从管理学的意义上讲，电商创业计划是将创业者在一定时期内的目标和任务进行分解，落实到创业过程中的具体工作部门和个人，从而保证创业工作有序进行和创业目标得以实现的过程。

计划作为管理四项职能之一，具有4个方面的特征：
（1）目的性，即制订计划、实施计划是为了有效地达到企业经营管理的某种目标。
（2）主导性，即管理过程中的其他职能只有在计划确定了目标后才能进行，计划职能在管理职能中居首要地位。
（3）普遍性，即计划普遍存在于企业各层级的管理活动中，可以说是无处不在。
（4）效率性，即要实现某项计划所制定的目标，需要付出合理的代价。

二、电商创业计划的作用

现实的经济生活中，无论是企业还是个人，无论进行什么样的行动，事先都应有个打算和安排。有了计划，行动就有了明确的目标和具体的步骤，企业就可以协调各职能部门、员工之间的行动，增强行动中的主动性，减少盲目性，使行动有条不紊地进行。同时，计划本身又是对行动进程和行动质量的考核标准，具有较强的约束和督促作用，所以电商创业计划对行动既有指导作用又有推动作用。这种指导和推动作用在电商创业企业的经营管理活动中体现为如下几个方面的特点：

（1）预见性。计划不是对已经形成的事实和状况的描述，而是在行动之前对行动的任务、目标、方法、措施所做出的预见性确认。这种预见性的确认是以本企业的实际条件为基础，以过去的成绩和问题为依据，对今后的发展趋势做出科学预测后得出的。因此，预见是否准确决定着计划制订的基础。

（2）针对性。如何某项计划的制订是否成功？一是根据企业的总体经营管理目标、策略、安排而定；二是针对该项计划的任务、主客观因素而定。总之，从实际出发制订出来的计划才是有意义、有价值的计划。

（3）可行性。可行性是和预见性、针对性紧密联系在一起的，预见准确、针对性强的计划在现实中才真正可行。如果目标定得过高、措施无力实施，这个计划就是空中楼阁；反过来说，目标定得过低，措施、方法都没有创见性，计划实现虽然很容易，但企业并不能因而取得有价值的成就，那也算不上有可行性。

（4）约束性。计划一经通过、批准或认定，在其所指向的范围内就具有了约束作用，在这一范围内无论是集体还是个人都必须按计划的内容开展工作和活动，不得违背和拖延。不如此，计划的约束和督促作用就会大打折扣。

电商创业计划在创业和企业经营管理活动中的指导和推动作用要完全发挥其功效，计划本身的完整性是不可或缺的关键因素。因为计划是人们在企业经营各领域、企业管理各层级中使用的一种自觉行为。在任何领域、任何层级中完整的计划都必须具备目标、时限和主体三大基本要素。因为这三大基本要素确认了由企业的哪些职能部门和人员去实施计划、在哪个时期实施计划以及实施计划后要达到的成效。

三、电商创业计划的基本类型

现实经济生活中，计划涉及经济生活的各个领域和各个层面，按照不同的分类标准，计划可分为多种类型。

（1）按计划指向的行动领域来分，可分为工作计划、学习计划、生产计划、教学计划、销售计划、采购计划、分配计划、财务计划等。

（2）按计划适用范围的大小不同，可分为国家计划、地区计划、企事业单位计划、部门计划、班组计划等。

（3）按计划适用时间的长短不同，可分为长期计划、中期计划、短期计划，具体还可以称为十年计划、五年计划、年度计划、季度计划、月份计划等。

（4）按计划指挥性的强弱不同，可分为指令性计划、指导性计划。

（5）按计划涉及面大小的不同，可分为综合性计划、专题性计划。

（6）按计划综合性程度的不同，可分为战略计划、战术计划。

四、电商创业计划管理的意义

计划编制、计划审核、计划实施、计划考评是创业计划管理的4个环节，计划管理是管理职能之———计划职能发挥其应有功效的基本程序，同时更是创业管理者必备的管理手段和方法。准确地编制计划、仔细地审核计划、有效地实施计划、严格地考评计划，必将带来企业经营效益和管理效能的极大提升，为创业企业的可持续发展奠定良好的基础，这也成为众多成功的创业管理者的共识以及管理企业的重要内容。实行电商创业计划管理的目的是为了提高工作效率，有效合理地调度配置公司资源，进一步落实目标责任制，提高管理决策的科学性及员工工作评价的可操作性。

电商创业计划管理的任务是在科学预测的基础上，为电商创业的发展方向、发展规模和发展速度提供依据，电商创业应制定长远的发展规划，并通过各短期计划组织实施。制订电商创业计划要根据市场的需要和创业的能力，签订各项经济合同，编制企业的年度、季度计划，使各项生产经营活动和各项管理工作协调进行。电商创业计划管理要充分挖掘及合理利用一切人力、物力、财力，不断改善各项技术经指标，从而取得最佳的经济效果。

五、电商创业计划管理的本质和原则

1. 电商创业计划管理的本质

就计划本身而言，按照企业经营活动的特性划分类别繁多，计划主要存在以下特性差异：计划内容不同，操作方法不同，涉及的执行人不同，计划结果的考核方法也不同，但是各类计划具备一个共有的特性，即计划的普遍性：计划的编制、审核、实施和考评的过程是统一的，对"统一过程"的管理就称为计划管理。在这个统一过程中，计划的编制是基础，审计是手段，执行是保障，考评是结论。

电商创业计划管理本质上属于控制类管理，是对电商创业企业经营活动的控制，这种控制首先是创业企业对自身的控制，其次才是同级监察、审计部门的控制和上级职能部门的控制。电商创业企业自身控制是计划管理的责任主体，对经营结果负责；同级审计部门和上级职能部门的控制是计划管理的监督主体，对经营活动的质量负责。计划管理责任主体的控制对象是计划执行体系的效率和计划实施过程的有效性；计划管理监督主体的控制对象是计划实施全过程的规范化、程序化、标准化和制度化程度，发现问题要及时纠偏。

2. 电商创业计划管理的原则

（1）系统原则。计划的实质是对企业内资源的运用进行最优配置，以实现企业的经营管理目标。因此，必须全面、系统地分析企业内外条件，要求具有系统观念，运用系统理论开展计划工作。系统性原则要求组织的长期计划、中期计划、短期计划三者构成合理的时间安排，即：全局计划、职能部门计划、各管理层计划形成有机的空间安排。制订计划过程中应统筹兼顾，全盘考虑。

（2）平衡原则。不管是什么计划，必须做到全局平衡与时间平衡。如果系统的各个部分不平衡，组织的功能就只能由能力最小的部分决定。时间平衡要求事物在各个阶段上的发展保持一定的稳定性，不能大起大落，时高时低。因此应注意计划的连续性、稳定性。不平衡是绝对的，但求得相对的平衡是设计计划的基本要求。

（3）创新原则。计划是着眼于未来的。计划管理应在企业发展的要求下创造性地提出一些新思路、新方法、新措施，尽可能地发挥出企业各种资源的潜力。但也应看到许多影响计划完成的不确定因素，所以制订计划时应留有一定的余地，才能在计划实施的过程中根据影响因素加以适当的调整。

六、电商创业计划管理的时期和方法

1. 电商创业计划管理的时期

计划管理按其时间特性定位，可划分为3个阶段，即事前管理、事中管理、事后管理。

（1）事前管理。主要是对"创业计划"的审核。依据各项基础性条件，编制各项、各类经营活动计划书，对计划书的可靠性、可行性形成审核体系，保证审核效果，从而确保计划的可靠性。审核体系包括：数据的无量纲化分析、数据统计、历史对比（纵向）和行业对比（横向）、建议性结论4个基本环节。审核体系中，数据的无量纲化分析是关键环节，它能将不同类型的数据转换后实现同口径比较，数据统计环节是基础，纵向、横向对比是手段，结论是目的。事前管理中的审核体系目前并未被企业全面、有效地掌握和运用，公司实施对这些环节的有效控制能确保计划的可行和可靠，并为计划的事中管理提供操作平台。

（2）事中管理。主要是对"创业计划"执行体系工作效率的管理。对计划实施过程中出现的各类偏差首先要做到超前预测，其次是做到措施有效，对实施效果的跟踪是事中管理的主要工作，从而确保计划执行的效率。事中管理的责任主体是企业自身，监察、审计部门的事中管理主要是对计划执行质量的控制。

（3）事后管理。主要是对"创业计划"实施完毕后的绩效考核，总结经验、吸取教训、汇编材料、归档备案是事后管理的主要工作内容之一。

2. 电商创业计划管理的一般方法

计划管理的对象是各类单项计划、综合性计划、年度计划和周计划等，无论何种计划都具备"执行期"这一共同点，只是"执行期"的长短不同。因此，计划管理必须遵循体系化原则，即对"计划"的全过程管理实施体系化控制，按照计划类别、项目和具体工作内容，分门别类地实施"三阶段管理和图表化管理"。

电商创业计划管理中，计划的编制是基础，审核是手段，实施是保障，考评是结论。企业要想不断提高经营效益和效率，首先要确保计划管理水平的不断提高，而计划管理审核体系中 4 个基本环节的工作质量不断提升又是确保计划管理水平提升的基础条件。因此，提高计划编制的科学性、计划审核的独立性、计划实施的有效性和计划考评的公正、合理性，是创业企业管理者管理企业面临的主要工作内容之一。

第三节 电商创业营销管理

一、市场营销管理的一般过程

创业企业在市场竞争中能否成功，取决于其经营管理能否与环境的发展变化保持创造性的适应，而营销管理过程在其中起着重要作用。营销管理是指企业高层为实现企业目标、任务，发现、分析、选择、利用市场机会的管理过程。营销管理过程具体包括以下几个方面。

（一）发现、分析、评价市场机会

在市场需要不断变化的情况下，任何产品都有其市场生命周期，因此企业必须发现、寻找和识别新的市场机会。寻找、发现和识别市场机会的方法有：进行市场调查，了解消费者需要的变化；采用产品/市场发展矩阵，寻找发展市场的增长机会；运用市场细分，寻找、发现市场机会。对所发现的市场机会，要结合本企业的任务、目标、资源条件等进行评价，选择比竞争者优势更大的、更大差别利益的市场机会作为本企业的企业机会。

（二）市场细分和目标市场的选择

市场细分，指根据购买行为与顾客需要的差异性，将整体市场划分为若干个具有相似特征的消费者群的过程。

目标市场，指在市场细分的基础上决定要进入的那个市场部分，也就是企业拟投其所好、为之服务的那个消费者群。

任何产品都有许多顾客群，他们各有不同的需要，且分散在不同的地区。任何企业（即便是大企业）都不可能完全地、很好地满足所有顾客群的不同需要。为提高企业的经济效益，企业必须进行市场细分，并根据任务、目标、资源和特长等选择目标市场。

市场细分考虑的因素有地理因素、人口因素、行为因素和心理因素。产业市场上的用户规模、最终使用者是谁也有一定的影响。

企业选择目标市场时，主要采取的策略有：

（1）无差异市场营销，指企业认为市场需求无任何差别，只采取一种市场营销策略进行市场营销活动。

（2）差异市场营销，指企业面对不同的市场需求采取不同的市场营销策略。

（3）集中市场营销，指企业集中所有的力量为一个或几个目标市场服务。

每种目标市场策略都有一定的长处，也存在一定的弊端，企业选择目标市场时一定要结合自己的资源情况、产品的自身特点、所面对的市场性质等因素全面考虑，选择最佳方案。

企业最高管理层在选择目标市场时还要做好产品的定位工作，以使自己的产品更好地满足目标市场的需要。

（三）发展市场营销组合和确定市场营销预算

市场营销组合是指企业为了满足目标市场的需要而加以组合的可控制变量，常以产品、价格、地点和促销为基本变量，是企业市场营销战略的重要组成部分。设计和发展市场营销组合必然占用一定营销费用，企业最高管理层要做好市场营销预算，确保市场营销组合的贯彻落实。

（四）执行和控制市场营销计划

制订市场营销计划只是市场营销管理工作的开始，企业制订市场营销计划后主要是执行和控制计划。

在执行计划、有效进行市场营销工作时，要建立和发展相应的市场营销组织。然后，企业高层要把计划任务落实到人，实施年度计划控制、盈利能力控制、战略控制和效率控制。

二、市场营销组合

（一）市场营销组合概述

市场营销组合是指企业开展营销活动所应用的各种可控因素的组合。根据"需求中心论"的营销观念，美国营销学学者麦卡锡教授把企业开展营销活动的可控因素归纳为 4 类，即产品（Product）、价格（Price）、销售渠道（Place）和促销（Promotion），因此提出了市场营销的 4P 组合。随着大市场营销观念的提出，学界又提出了应把政治力量（Political Power）和公共关系（Public Relation）也作为企业开展营销活动的可控因素加以运用，为企业创造良好的国际市场营销环境，因此就形成了市场营销的 6P 组合。

20 世纪 90 年代，有许多学者又认为，包括产品、价格、销售渠道、促销、政治力量和公共关系的 6P 组合是战术性组合，企业要有效地开展营销活动，首先要有为人们（People）服务的正确的指导思想，其次还要有正确的战略性营销组合即市场调研（Probing）、市场细分（Partitioning）、市场择优（Prioritizing）、市场定位（Positioning）的指导。

至此，营销战略的 4P 营销组合与正确的指导思想（People）、战术性的 6P 组合就形成了市场营销的 11P 组合。

市场营销组合指的是企业在选定的目标市场上，综合考虑环境、能力、竞争状况对企业自身可以控制的因素，加以最佳组合和运用，以完成企业的目的与任务。

市场营销组合是企业市场营销战略的重要组成部分，是将企业可控的基本营销措施组成一个整体性活动。市场营销的主要目的是满足消费者的需要，而消费者的需要很多，要满足消费者需要所应采取的措施也很多。因此，企业在开展市场营销活动时就必须把握住那些基本性措施，合理组合并充分发挥整体优势和效果。

市场营销组合这一概念是由美国哈佛大学教授尼尔·鲍顿于 1964 年最早采用的，并确定了营销组合的 12 个要素。随后，理查德·克莱维特教授把营销组合要素归纳为产品、价格、渠道、促销。

市场营销组合是制定企业营销战略的基础，做好市场营销组合工作可以保证企业从整体上满足消费者的需求。市场营销组合是企业对付竞争强有力的手段，是合理分配企业营销预算的依据。

（二）市场营销组合的特点

市场营销组合作为企业非常重要的营销管理方法，具有以下特点。

1. 营销组合是一个变量组合

营销组合"4Ps"的各个自变量是最终影响和决定市场营销效益的决定性要素，营销组合的最终结果就是这些变量的函数，即因变量。市场营销组合是一个动态组合，只要改变其中的一个要素，就会出现一个新的组合，产生不同的营销效果。

2. 营销组合的层次

营销组合由许多层次组成，整体而言，"4Ps"是一个大组合，其中每一个 P 又包括若干层次的要素。这样，在确定营销组合时不仅要更为具体和实用，而且要相当灵活；不仅可以选择四要素之间的最佳组合，而且可以恰当安排每个要素内部的组合。

3. 营销组合的协同作用

必须在准确地分析、判断特定的市场营销环境、企业资源及目标市场需求特点的基础上，才能制定出最佳的营销组合。所以，最佳的市场营销组合的作用绝不是产品、价格、渠道、促销 4 个营销要素的简单相加，而是使它们产生一种整体协同作用。就像中医开出的中药处方，四种草药各有不同的效力，治疗效果不同，所治疗的病症也不相同，而这四种中药配合在一起治疗，其作用就会大于原来每一种药物的作用之和。市场营销组合也是如此，只有它们的最佳组合才能产生一种整体协同作用。因此，市场营销组合是一种经营的技巧和艺术。

4. 营销组合的应变能力

营销组合作为营销管理的可控要素，一般来说，企业具有充分的决策权。例如，企业可以根据市场需求来选择确定产品结构，制定具有竞争力的价格，选择最恰当的销售渠道和促销媒体。但是，企业并不是在真空中制定市场营销组合。随着市场竞争和顾客需求特点及外界环境的变化，企业必须对营销组合随时纠正、调整，使其保持竞争力。总之，市场营销组合对外界环境必须具有充分的适应力和灵敏的应变能力。

（三）市场营销组合策略

影响企业营销的因素有两类：一类是企业外部环境给企业带来的机会和威胁，这些是企业很难改变的；另一类则是企业自身可以通过决策加以控制的。企业本身可以控制的因素归纳起来主要有以下4个方面。

1. 产品策略

产品策略包括产品发展、产品计划、产品设计、交货期等决策内容。其影响因素包括产品的特性、质量、外观、附件、品牌、商标、包装、担保、服务等。

2. 价格策略

价格策略包括确定定价目标、制定产品价格原则与技巧等内容，其影响因素包括分销渠道、区域分布、中间商类型、运输方式、存储条件等。

3. 促销策略

促销策略是指主要研究如何促进顾客购买商品以实现扩大销售的策略，其影响因素包括广告、人员推销、宣传、营业推广、公共关系等。

4. 分销策略

分销策略是主要研究如何使产品顺利、快速到达消费者手中的途径和方式等方面的策略，其影响因素主要有付款方式、信用条件、基本价格、折扣、批发价、零售价等。

以上4种策略组合起来总称为市场营销组合策略。市场营销组合策略的基本思想：从制定产品策略入手，同时制定价格、促销及分销渠道策略，组合成策略总体，以便达到以合适的商品、合适的价格、合适的促销方式把产品送到合适地点的目的。企业经营的成败在很大程度上取决于这些组合策略的选择和它们的综合运用效果。

（四）营销组合策略的约束条件

1. 营销战略

运用市场营销因素组合时，首先应通过市场分析选择最有利的目标市场，确定目标市场和市场发展策略，在这个基础上，再对营销因素组合策略进行综合运用。

2. 营销环境

企业在市场营销因素组合活动中面临的困难和所处的环境是不同的。自20世纪70年代以来，世界各国政府加强了对经济的干预，宏观环境对企业的市场营销活动的影响越来越大，有时起到了直接的制约作用。企业选择市场营销组合时应把环境看作主要要素，时刻重视对宏观环境各因素的研究与分析，并对这些不可控制因素做出营销组合方面的必要反应。

3. 目标市场的特点

目标市场的需要决定了市场营销组合的性质。企业要合理规划市场营销组合，首先应分析目标市场各方面的条件。根据目标市场的消费者情况、消费者选购商品的意愿、竞争状况3个方面的条件，分析它们对各个基本策略的影响，从而判断哪种营销组合更切实可行、更具有吸引力和更有利可图。

4. 企业资源

企业资源状况主要包括企业公众形象、企业管理水平、财务实力、员工技能、专利、销售网、原材料储备、物质技术设施等。企业资源决定了选择合适的市场营销组合必须与企业实际相符合，企业不应该超出自己的实际能力去满足所有消费者与用户的需要。

（五）市场营销组合的理论意义

1. 市场营销组合的核心

市场营销组合的核心是以目标顾客的需要为中心，着眼于总体市场，从而实现企业营销目标，取得利润。市场营销组合是至关重要的营销手段。

2. 市场营销组合的特点

市场营销组合体现了现代市场营销学的重要特点之一——管理导向，就是从市场营销管理决策的角度着眼于买方行为，重点研究企业市场营销管理工作中的各项战略和策略，使决策研究法在诸多研究方法中显示出其概括性强、适应面广的优点，并成为研究市场营销问题普遍采用的主要方法。

3. 市场营销组合的理论基础

市场营销组合的理论基础是系统理论。市场营销组合以系统理论为指导，向决策者提供为达到营销整体效果而科学地分析和应用各种营销手段的思路和方法。

（1）运用系统论的观点，对系统进行结构分析。可以从系统的构成要素、系统的层次结构、系统的开放与闭合等方面深入分析。

（2）运用系统论的观点，对系统与外部环境的联系方式进行分析。系统具有处理和转换功能，系统与外部环境是通过物质、能量、信息输入系统，转换后再将物质、能量、信息输出系统的方式进行联系的。企业作为一个开放系统，一方面，企业从外部环境输入信息、能源、原材料，这是企业开展营销活动的基础，体现了外部环境对企业营销活动的制约性，企业须对此表示出较强的适应性，并随时依据其变化，制定和调整营销战略和策略。另一方面，企业通过主动性和创造性的营销服务，向外部环境提供产品或劳务，传播信息并影响外部环境，从而使外部环境朝着有利于企业营销目标的方向发展。

（3）系统论的整体观强调整体的功能大于各要素功能之和，且整体具有各要素都不具备的新的属性和特点。整体观对于理解一个系统的性质特别重要，而研究系统内各要素的相互作用和整体功能比注意个别要素的功能更为重要。根据这一原理，市场营销组合意味着将各种手段进行最佳组合，使其相互协调，综合发挥尽可能大的作用。因此，企业营销的成败在很大程度上取决于上述市场营销组合策略的选择和它们的综合运用效果。

（六）市场营销组合的实践意义

对企业来说，市场营销组合在企业实际工作中的实践意义主要表现在以下几个方面。

1. 制定营销战略的基础

营销战略的本质是企业经营管理的战略，而企业目标和营销因素的协调是营销战略的主要组成因素。企业制定市场营销战略的出发点是完成企业的任务与目标，以市场占有率、投资收益率和其他目标作为比较选择的依据来进行营销组合，是符合实际的。

作为企业营销的战略基础，市场营销因素组合既可以综合运用四个因素，也可以根据产品与市场的特点，分别重点使用其中某一个或某两个因素，设计相应的销售策略，这是一个细致复杂的工作。

2. 应付竞争的有力手段

企业在运用市场营销组合时必须分析自己的优势和劣势是什么，以便扬长避短。

使用营销因素组合作为竞争手段，要注意两个问题：

（1）不同行业的不同产品侧重使用的营销因素不同。

（2）重点使用某一个营销因素时要重视其他因素的配合作用，才能取得理想的效果。

3. 为企业提供系统管理思路

在营销实践中，人们认识到，如果以市场营销组合为核心进行企业的战略计划和工作安排，可以形成一种比较系统的、从点到面、简明扼要的经营管理思路。许多企业根据市场营销组合的各个策略方向去设置职能部门和经理岗位，明确部门之间的分工关系，划分市场调研的重点项目，确定企业内部和外部的信息流程等。企业的财务部门也会在完成财务报表的同时，按照4Ps数据列表，为企业分析资金运用、固定成本与变动成本支出等情况提供信息。总之，运用营销因素组合可以较好地协调各部门工作。

（七）市场营销组合的作用

企业营销管理者正确安排市场营销组合，对企业营销的成败有以下作用：

（1）有利于扬长避短，发挥企业的竞争优势，实现企业战略决策。

（2）加强企业的竞争能力与应变能力，使企业立于不败之地。

（3）使企业内部各部门分工协作、紧密配合，成为协调的营销系统（整体营销），使企业有效、灵活地适应营销环境的变化。

（八）市场营销组合应用的原则

企业营销管理者要发挥市场营销组合的作用，在运用时必须遵循以下原则。

1. 目标性原则

目标性原则是指在制定市场营销组合时，企业要有明确的目标市场，同时在市场营销组合中，各个因素必须都围绕着这个目标市场进行优化组合。

2. 协调性原则

协调性原则是指协调市场营销组合中各个因素，使之共同有机地、同步配套地联系组合起来，以最佳的匹配状态为实现整体营销目标服务。可根据要素的相互关联作用组合搭配，和谐一致。

在组合方案中，可以重点选择几个因素进行组合搭配，如产品质量和价格的关系，他们直接关系到市场营销组合整体策略的优劣，将二者进行多方案优化，可以组成几种不同的组合策略方案，企业可据此进行知己知彼的分析，包括竞争对手组合策略分析，本企业资源、设备、技术等情况分析，切实推行价值工程，从而达到预期的营销目标。

3. 经济性原则

经济性原则即组合的杠杆作用原则，是指考虑组合的要素对销售的促进作用，这同时也是优化组合的特点。

4. 反馈性原则

反馈性原则即从营销环境的变化到企业营销组合都需要及时反馈市场信息。信息反馈及时、反馈效应好，我们就可以随营销环境的变化及时地对原有市场营销组合进行反思、调整，从而确定新的、适应市场和消费者需求的组合模式。

(九) 市场营销组合应用中应该处理好的几个相应关系

1. 市场营销组合策略与市场营销战略的关系

市场营销组合的执行过程明显地体现出了营销组合策略与营销战略相辅相成、有机结合的关系。

市场营销组合不仅是市场营销战略的组成部分，而且是市场营销战略的基础和核心。二者之间的关系处理直接关系着企业营销的成败。因此，营销组合在具体执行过程中不但要遵循市场营销组合目标性、协调性、经济性、反馈性原则，而且还要经常修订短期策略目标，以加强和完善最基本的营销战略。只要营销组合策略保持在营销战略目标的限度内，则可以认为是可行的，但若达不到预期效果，企业就应该重新评价这一营销组合策略在整体营销战略中是否合适，甚至营销战略的制定是否正确，而不应该只停留在个别策略的调整上。

2. 市场营销组合与市场营销环境的关系

当前，市场营销环境对企业营销的影响已由通过影响目标市场需求而间接影响企业的市场营销组合发展变为直接制约企业的市场营销组合，所以，企业在选择市场营销组合时必须把市场营销环境看作一个重要因素。为此，要进一步明确市场营销环境与市场营销组合的关系，才能在二者的动态协调中把握住企业生存和发展的主动权。

(1) 同一性。市场营销组合与市场营销环境均为企业营销的可变因素，共同对企业的营销活动发生作用和影响。

(2) 市场营销环境对市场营销组合的制约性。企业作为一个开放的组织系统，与外部营销环境发生着各种各样的错综复杂的联系。其市场营销活动必然受到市场营销环境的影响和制约并表现为多种渠道和多种形式。具体表现在对企业营销目标、营销战略、营销策略等方面的影响。

(3) 市场营销组合对市场营销环境的适应性。由于营销组合具有可控性和营销环境的不可控性，且二者均处在动态变化之中，特别是后者的变化速度大大快于前者，这就决定了企业必须随营销环境的变化及时调整市场营销组合，以求得与市场营销环境的适应和协调。值得注意的是，不能仅满足于市场营销组合和市场营销环境在一定时期内的相适应，还须预测未来若干年营销环境的变化趋势，并据此制定长期营销战略和策略。由此可见，企业的市场营销活动过程实质上是企业适应环境（企业不可控因素）变化，并通过企业可控制因素对变化着的环境不断做出新的反应的动态过程。

（4）市场营销组合对营销环境的主动性。市场营销是一种能动性很强的活动，企业运用营销组合并不是消极被动地适应环境变化，而是积极主动地影响营销环境。面对变化莫测的营销环境，企业在时时观察和识别环境变化给企业带来的"市场机会"或构成的"环境威胁"，并要善于把营销环境的变化作为难得的良机并灵活地加以运用，也就是将市场机会变为企业机会。这就不但要求企业的市场营销组合要适应营销环境的变化，而且要在一定程度上去选择环境、改造环境，对变化着的营销环境给予影响，这就使营销组合有了更大的灵活性和主动性。

3. 市场营销组合与市场细分、目标市场、市场定位的关系

市场营销组合在其发展过程中，是与市场细分、目标市场、市场定位等重要概念相适应而产生的。

市场营销组合与市场细分构成制定营销策略组合的最基本方法。市场细分的目的在于探索市场机会，确定企业的目标市场。市场营销组合的目的在于艺术地使用有效手段去达到目标市场。因而，市场细分是对市场营销客观条件的分析，市场营销组合则是对市场营销工作如何发挥主观能动性的研究。

市场营销组合与目标市场共同构成企业市场营销战略的主体，其中目标市场是中心。这就是说，以目标市场为中心，满足其需求并为其服务是企业一切营销活动的出发点和归宿，市场营销组合当然也是如此。

市场营销组合受企业的市场定位所制约。由此可见，上述4个因素之间的制约关系为：市场细分→目标市场→市场定位→市场营销组合。

由于目标市场始终处于中心位置，故有必要深入分析目标市场营销组合的影响。一个适当的市场营销组合的性质实质上是由目标市场的需要所决定的。因此，企业有必要精辟地分析和充分了解目标顾客的需要、态度及其他方面的条件，以便在外部营销环境的制约下迅速规划出合理的市场营销组合。

首先，潜在顾客的所在地和人口特点影响着目标市场的潜力大小和地点策略，即确定产品在什么地方可以买到；影响促销策略，即在什么地方对谁进行促销。

其次，消费模式和购买行为特点影响产品因素，具体包括在产品设计、包装、产品线等方面影响促销策略，即如何迎合潜在顾客的物质需要和心理需要，投其所好。

再次，潜在顾客需要的迫切程度及其选购商品的意愿影响渠道策略，即渠道的长短、宽窄、直接或间接；服务标准及便利购买与否影响价格策略，即顾客愿意支付的价格。另外，市场的竞争特点将影响市场营销组合的各个方面。

4. 市场营销组合与产品生命周期的关系

产品生命周期的不同阶段表现出的特征不同，所采取的市场营销组合策略也不同。

产品从面世到被市场淘汰的整个过程决定了企业在不同阶段采用不同的营销组合策

略,但营销组合策略也不是消极被动的。以广告策略为例,在一定的条件下,人们可以根据广告活动规律改变产品生命周期状况,充分发挥广告的反作用。如在产品的衰退期,广告宣传显然只是为了消除存货,是企业为了"安全撤退"而已。

5. 市场营销组合与供求状况的关系

针对市场供求关系的变化,企业也须选择相应的市场营销组合策略。当市场态势是卖方市场时,组合策略侧重于产品策略;当进入买方市场时产品开始供过于求,组合策略的重点也开始向价格与促销过渡;当产品完全供过于求即开始进入消费者主导市场时,制定组合策略的目标在于尽力使潜在顾客转化为显在顾客,促使其实现购买行为。

6. 营销组合因素与市场发展策略的关系

不同的市场发展策略需要有不同的营销组合方式与之相配合,营销组合策略突出的重点也不同。

7. 市场营销组合与消费者状态的关系

当营销组合是针对消费者状态即消费者购买决策形成过程的不同阶段时,要注意市场营销组合所代表的不同作用特征。在消费者的状态从注意向推广阶段发展的过程中,广告的作用呈下降的趋势,产品的作用却越来越强,而价格作用在中间阶段最为突出,这就为企业在消费者状态的不同阶段选择不同的策略组合方案提供了依据。

消费者购买决策的形成是多种因素综合作用的结果。企业应重点关注市场营销组合中产品、广告、价格3个因素所起的作用,以及它们在消费者购买决策形成不同阶段发挥作用程度上的差别,进而导致活动效果的差异。这就提出了企业如何运用不同的营销手段或营销组合策略与消费者购买决策过程的不同阶段相配合的问题,以取得事半功倍的效果。这样,企业就可以在消费者购买决策和购买行为形成的每个阶段施加相应的策略组合影响,以增强营销组合之间的针对性、协调性,减少盲目性。

第四节 电商创业企业物资管理

人们在生产和生活中所需要的种种物质材料称为物资。物资按用途分为两类,一类是直接满足人们需要的生活资料,如食品、衣物、家用电器等;另一类是间接满足人们需要的生产资料,如设备、原料等。本节就工业企业的物资管理展开介绍。

一、企业物资的表现形式

企业物资品种规格繁多,且各种物资不同,其特点也各不相同,为了便于编制计划、采购订货和物资管理,必须对各种物资进行分类。常见的物资分类方式如图5-6、图5-7、图5-8所示。

（一）按物资在企业生产中的用途划分（图5-6）

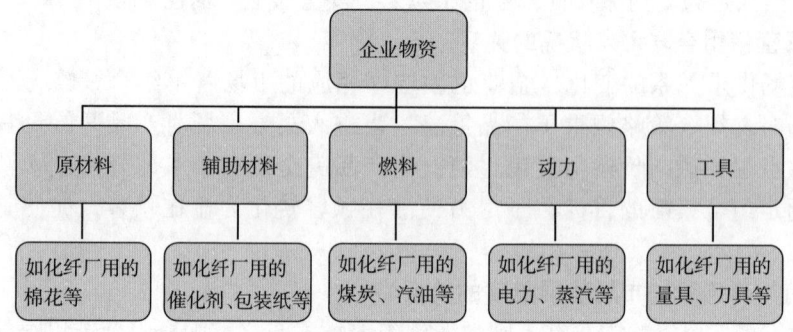

图5-6 企业物资按用途划分的分类

（二）按物资的自然属性划分（图5-7）

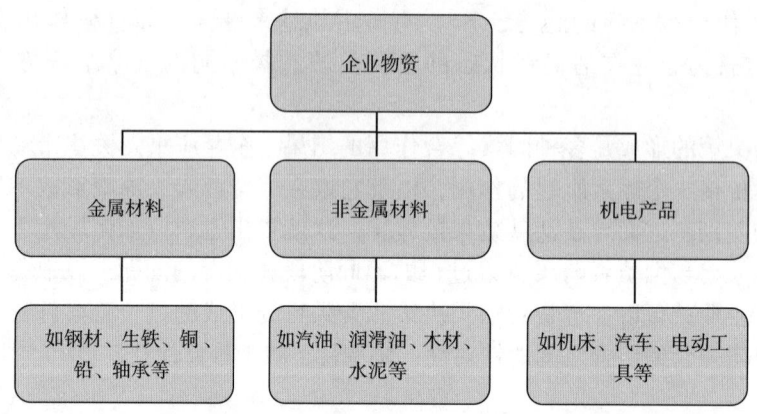

图5-7 企业物资按自然属性划分的分类

（三）按物资的使用范围划分（图5-8）

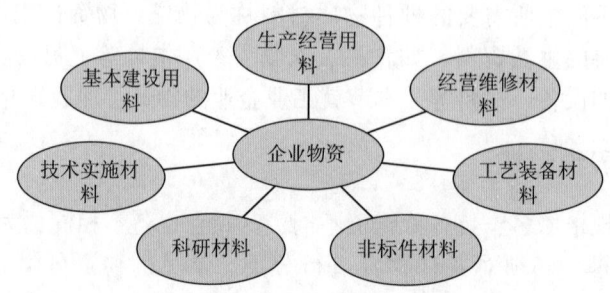

图5-8 企业物资按使用范围划分的分类

二、企业物资管理

企业物资管理是对企业生产经营活动中所需的各种物资进行计划、采购、保管、发放、合理使用等一系列组织管理工作的总称。主要包括物资供应计划的编制、物资采购的确定、物资消耗定额的制定和管理、物资储备量的控制、仓库管理、物资的节约使用和综合利用等方面的管理工作。

（一）物资管理的工作任务

（1）掌握物资的供需信息。
（2）保证供应。
（3）合理使用和节约物资。
（4）经济合理地确定物资储备。
（5）加速流动资金周转。
（6）实行物资管理岗位责任制。

（二）物资消耗定额

1. 物资消耗定额的定义与作用

物资消耗定额又称单耗，是指在一定的生产技术组织条件下，制造单位产品或完成单位工作所必需消耗的物资数量的标准。物资消耗定额是反映企业生产技术管理水平的重要标志，是开展经济核算、考核经济工作效果的重要工具，其具体作用有：

（1）它是确定物资需要量和编制物资供应计划的基础。
（2）它是企业实行定额发料、核算生产用料的依据。
（3）便于合理使用和节约生产物资。
（4）它是企业计算产品成本和开展经济核算工作的基础。
（5）能够促进生产技术、经营管理及工人技能的提高。

2. 物资消耗定额的构成

按物资在生产中的作用分类，企业使用的物资消耗定额可分为：主要原料和材料消耗定额、辅助材料消耗定额、燃料消耗定额、动力消耗定额、工具消耗定额等。

以企业主要产品的物资消耗定额为例，主要由以下 3 个部分构成：

（1）构成产品净重的消耗。这种消耗是指构成产品的实体重量，是物资的有效消耗部分，一般在物资消耗定额中占较大比重。

（2）工艺性消耗。这是指物资在准备和加工过程中由于改变物理性能和化学成分所产生的消耗，如切削加工中的切屑、边角余料等。

（3）非工艺性损耗。这是指产品净重和工艺性消耗以外的非工艺技术要求而产生的物资消耗，如报废损耗、材料取样检验消耗等。

根据物资消耗的构成不同，企业的物资消耗定额可分为工艺消耗定额和物资供应定额两种：

（1）工艺消耗定额，一般只包括产品净重和工艺性消耗量部分。其计算公式为：

$$单位产品工艺消耗定额＝单位产品净重＋各种工艺性消耗的重量$$

（2）物资供应定额，是在工艺消耗定额的基础上按一定的比例加上各种非工艺性损耗。其计算公式为：

$$单位产品物资供应定额＝工艺消耗定额×（1＋材料供应系数）$$
$$材料供应系数＝单位产品非工艺性消耗÷工艺消耗定额$$

3. 物资消耗定额的制定方法

（1）技术计算法。就是根据产品设计图纸和工艺文件，充分考虑先进技术和先进经验，在工艺计算的基础上制定定额的方法。

（2）统计分析法。就是根据以往生产中物资消耗的统计资料，考虑吸收先进技术经验后制定定额的方法。

（3）经验估计法。就是根据技术人员和生产人员的实际经验，参考有关的技术文件和产品实物以及生产技术组织条件变化等因素来制定定额的方法。

4. 物资消耗定额的管理

企业所需的物资原则上都必须制定物资消耗定额。工艺消耗定额的定制应以工艺技术部门为主；物资供应定额的制定应以物资供应部门为主；重要的物资消耗定额应由部门以上级别领导审核批准。

企业要经常检查分析物资消耗定额的执行情况及物资的利用程度。检查的主要指标通常为工艺定额利用率和材料利用率，其计算公式如下：

$$工艺定额利用率＝单位产品净重÷产品工艺消耗定额$$
$$材料定额利用率＝单位产品净重÷单位产品实际消耗数量$$

其中，工艺定额利用率主要反映产品设计和工艺技术水平；材料利用率则是综合地反映生产技术和管理水平。

（三）物资储备定额

1. 物资储备定额的定义与作用

物资储备定额是指在一定的生产技术条件下，为保证生产顺利进行所必需的、经济合理的物资储备数量的标准，其具体作用有：

（1）它是企业编制物资供应计划和组织采购订货的重要依据。

（2）它是企业掌握和监督物资物资库存动态，使库存物资经常保持在合理水平的途径和手段。

（3）它是企业核定流动资金定额的重要依据之一。

（4）它是企业确定物资仓库储存面积、仓库所需设备的数量以及仓库定员的主要参考。

2. 物资储备定额的制定

工业企业的物资储备定额主要有经常储备定额和保险储备定额两种，当企业的物资供应受到季节性影响时，还需建立季节性储备定额。

（1）经常储备定额。经常储备定额是指在企业前后两批物资进厂的供应间隔期内，保证生产正常进行所必需的储备数量。其制定方法有两种：一是供应间隔期法；二是经济订购批量法。

①供应间隔期法。供应间隔期法是以一次进货数量等于供应间隔期乘平均日需要量作为制定经常储备定额的方法。经常储备定额的计算公式如下：

$$D_j = (T_j + T_y + T_z) \times Q$$

式中：D_j——经常储备定额；

T_j——平均供应间隔天数；

T_y——验收入库天数；

T_z——使用前准备天数；

Q——平均每日需要量。

供应间隔期法主要以供应单位的供应条件及外部的运输条件作为决定储备量的根据。

②经济订购批量法。经济订购批量法是指以采购费用和保管费用两者之和的总费用最小的批量来制定经常储备定额的方法。经济采购批量的意义在于：通过平衡订购成本和储存成本确定一个最佳的订货数量，来实现最低的总库存成本。

经济订购批量的计算公式如下：

$$Q^* = SQRT(2 \times DS/C)$$

式中：Q^*——经济订购批量；

D——商品年需求量；

S——每次订货成本；

C——单位商品年保管费用。

例题：某厂某种物料的年需用量为4 500kg，每次采购费用为20元，该种物料单价为8元，年保管费率为单价的25%，计算经济采购批量。

解：$D = 4\,500\text{kg}$，$S = 20\text{RMB}$，$C = 8 \times 25\% = 2\text{RMB}$，

$Q^* = (2 \times 4500 \times 20/2)^{1/2} = 300\text{kg}$

（2）保险储备定额。保险储备定额是指为了预防在物资供应工作中可能发生的误期到货等不正常情况，以保证生产继续进行所必需的储备数量。其计算公式是：

保险储备定额=保险储备天数×平均每日需用量

其中，保险储备天数一般是根据以往统计资料中平均误期天数或按实际情况来确定。

（3）季节性储备。季节性储备是指某种物资的供应受季节变化影响而必须储备的数量。其计算公式为：

季节性储备定额=季节性储备天数×平均每日需用量

（四）库存控制及ABC分类法

库存量控制的基本方式有4种，即定期库存控制法、定量库存控制法、经济批量控制法、ABC分类控制法。

1. 定期库存控制法

定期库存控制法是订购的时间预先固定，而每次订购的数量不固定，随时根据实际库存量来决定。这种控制方法一般适用于必须严格管理的物资，其订购量的公式为：

订购量=平均每日需用量×（订购时间+订购间隔）+保险储备量−实际库存量−已订购未到量

其中，订购时间是指提出订购到物资到厂所需的时间；订购间隔是指相邻两次订购日之间的时间间隔；实际库存量为订购日的实际库存数；订货余额为过去已订购单尚未到货的数量。

2. 定量库存控制法（订货点量控制法）

定量库存控制法就是订购的时间不定，而每次订购的数量固定不变。

订货点量控制法的计算公式为：

$$订货点量 = 平均每日需用量 \times 订购时间 + 保险储备量$$

3. 经济批量控制法

经济批量控制是侧重从企业本身经济效益来综合分析物资订购和库存管理费用的一种科学方法。经济批量是在保证企业生产需要的条件下使订购费用和保管费用之和最小的订购批量，其计算方法与经济订购批量法一致。

4. ABC 分类控制法

企业所需的物资品种多、数量大，其价值与重要性又不一样。如果将所有物资同等对待，全面控制，那么很难管好物资。ABC 分类法又称重点控制法，其基本原理是把错综复杂、品种繁多的物资根据其重要程度、消耗数量、价值大小、资金占用等因素分成 A 类、B 类、C 类，采取差别管理，侧重不同。

三、仓库管理

（一）物资的验收

验收是指物资在入库前按照一定的程序和手续进行数量和质量上的验收，它是做好物资保管工作的基础。物资验收工作要做到"四不收"，即凭证不全不收；手续不全不收；数量不符不收；质量不合格不收。

（二）物资的保管维护

物资保管维护工作主要是通过合理存放，妥善维护，加强账、卡、物管理，达到物资入库和领用方便、保持物资完整、减少自然损耗、杜绝积压浪费、降低仓库费用的目的。

（三）物资的发放

1. 建立定额供料制

就是根据不同工种、不同工作的需要规定领用物资的发放额，仓库按限额发放物资。

2. 完善出库手续

出库单据和手续必须符合要求，限额发料单、提货单、经核对无误才予以发货，对非正式凭证一律不发货。

3. 及时记账记卡

发出的物资都应当面点交清楚，物资发出后要及时记账记卡，统计有关基础资料。

（四）修旧利废

应组织专人回收废旧物资、修复废旧物资及综合利用边角下料，做到"边回收，边修复，边利用"，充分挖掘企业仓库物资的潜力，以降低成本、提高经济效益。

（五）清仓利库

"清仓"就是清理仓库；"利库"就是利用库存资源，把库存积压物资予以处理。清查库存、核定周转、处理积压是清仓利库工作的3个重要环节。清查库存、核定周转是手段，其目的是为了处理积压，加速流动资金周转。处理积压物资的出路是立足自用，在立足自用的前提下，应广开门路、内外调剂，通过门市展销、委托代销、上门推销等办法处理积压物资。

第五节 电商创业人力资源管理

一、人力资源的含义

（一）人力资源的概念

1. 人力资源

从宏观上讲，人力资源是指能够推动国民经济和社会发展的、具有智力劳动和体力劳动能力的人口的总和，它包括数量和质量两个方面。

2. 人力资源管理

人力资源管理是在经济学与人本思想的指导下，通过招聘、甄选、培训等管理形式对组织内外相关人力资源进行有效运用，满足组织当前及未来发展的需要，保证组织目标实现与成员发展进行有效开发，以便实现最优组织绩效的全过程。

（二）人力资源的特点

人力资源是进行社会生产最基本、最重要的组织资源，与其他组织资源相比较，它具有以下特点。

1. 两重性

人力资源既是投资的结果，同时又是创造财富的创造者。根据舒尔茨人力资本理论，对人力资源教育、卫生健康的投资和人力资源迁移等因素决定了人力资源质量的高低。一方面，从生产与消费的角度来看，人力资本投资是一种消费行为，并且这种消费行为是必须的，没有这种先期的投入就不可能有后期的收益。另一方面，人力资本与一般资本一样具有投入产出的规律，并具有高增值性。研究实践证明，无论是对社会还是对个人进行人力资源投资，所带来的收益都远远大于对其他资源投资所产生的收益。

2. 能动性

人力资源区别于其他资源的最根本特点就是能动性。人力资源具有思想、情感和思维，具有主观能动性，能主动利用其他资源去推动社会和经济的发展，其他资源则处于被动使用的地位。另外，由于人具有创造性思维的潜能，人力资源还是唯一能发挥创造作用的因素。人力资源的能动性体现在三个方面：一是自我强化，即通过接受教育和主动学习，使自己的素质得到提高；二是选择职业，即个人均可按照自己的爱好与特长自由地选择职业；三是积极劳动，即人在劳动过程中能够积极主动地利用自己的知识和能力，有效利用其他资源为社会和经济发展创造性地工作。

3. 社会性

每一种文化都是一个民族共同的价值取向，每一个民族都有自身的文化特征，这种文化特征是通过人这个载体表现出来的。由于每个人受自身民族文化和社会环境影响的程度不同，其个人的价值观也不相同，他们在生产经营活动、人与人交往等的社会活动中，其行为可能与民族文化所倡导的行为准则发生矛盾，可能与他人的行为准则发生矛盾。这就要求人力资源管理注重文化建设，重视人与人、个体与群体、人与社会的关系及利益的协调与整合。

4. 磨损性

人力资源的形成、开发和利用都受时间的限制，它是一种具有生命的资源，人在生命周期不同阶段的体能和智能是不同的，因而人力资源在各个时期的可利用程度也不相同。与物质资源相似，人力资源在使用过程中也会出现有形磨损和无形磨损。有形磨损是指人自身的疲劳和衰老，这是一个不可避免的、无法抗拒的损耗；无形磨损是指个人的知识技能与科学技术发展相比的相对老化。因此，人力资源在使用过程中是一个可持续开发、丰富再生的独特过程。人在工作的同时应确立终生学习的观念，不断更新知识、提高技能、积累经验、增强素质，可以在一定程度上减少人力资源的磨损。

二、电商创业人力资源管理与传统人事管理的区别

现代人力资源管理思想源于英国的劳工管理理念，经由美国人事管理演变而来。20世纪70年代，西方人本主义管理思想与模式显现出来，人力资源被作为组织的首要资源，传统的人事管理已明显不适用，它从管理的观念、模式、内容、方法等方面全方位地向人力资源管理转变。现代管理强调以人为本，把人力看成资本，把人力资源的开发放在首位，视人力管理资源部门为生产与效益部门，认为组织中的任何战略决策都需要战略性的人力资源管理予以支持和保证。人力资源管理与传统人事管理的区别如表5-3所示。

表5-3　　　　　　　　人力资源管理与传统人事管理的区别

项目	人力资源管理	人事管理
观念	视员工为有价值的重要资源	视员工为成本负担
目的	满足员工自我发展的需要，保障组织的长远利益的实现	保障组织的短期目标的实现
模式	以人为中心	以事为中心
视野	广阔、远程性	狭窄、短期性

续表

项目	人力资源管理	人事管理
性质	战略、决策性	战术、业务性
深度	主动、注重开发	被动、注重使用
功能	系统、整合	单一、分散
工作方式	参与、透明	控制
与其他部门的关系	和谐、合作	对立、抵触
本部门与员工的关系	帮助、服务	管理、控制
对员工的态度	尊重、民主	命令式的、独裁式的
角色	挑战、变化	例行、记载
部门属性	生产与效益部门	非生产、非效益部门

三、电商创业人力资源管理的任务与基本职责

1. 电商创业人力资源管理的任务

电商创业人力资源管理的任务是把组织需要的人力资源吸引到电商创业企业中来，将他们保留在组织内，开发他们的潜能，充分发挥他们的积极作用，为实现组织目标服务。

2. 电商创业人力资源管理的基本职能

电商创业人力资源管理主要包括5项基本职能：

（1）获取。包括招聘、选拔与委派。

（2）整合。这是使员工之间和睦相处、协调共事、取得群体认同的过程，是员工与组织之间、个人认知与组织理念、个人行为与组织规范的同化过程。

（3）调控。这是对员工实施公平管理的动态管理过程，包括评估他们的素质，考核其绩效，作为相关奖惩、升迁、离退、解雇等决策的依据。

（4）奖酬。是指根据员工对组织所做出的贡献给予奖酬的过程。

（5）开发。主要是对员工实施培训，提供他们发展的机会，指导他们明确自己的长、短处和今后的发展方向与道路。

上述5项职能是相辅相成、彼此互动的，但这5项职能都是以职务分析为核心的。职务分析能确定本组织每一个岗位应有的权责和资格要求，从而使人力资源的获取具有明确的要求，为激励规定目标，给考核提供标准，为培训与开发提供依据。

四、电商人力资源管理的作用

人力资源是人类所拥有的一切资源中的第一宝贵资源，是现代管理的核心。不断提高人力资源开发与管理的水平，不仅是当前发展经济、提高市场竞争力的需要，也是一个国家、一个民族、一个地区、一个单位长期兴旺发达的重要保证，更是一个现代人充分开发自身潜能、适应社会、改造社会的重要措施。人力资源管理的主要作用体现在以

下几个方面。

1. 培养人的全面发展

社会的发展最终要落实到一切为了人本身的发展。马克思指出,教育不仅是提高社会生产的一种方法,而且是造就全面发展的人的唯一方法。现代社会中,教育和培训在人力资源开发和管理中的地位越来越高。

2. 调动员工的积极性和创造性

调查研究发现,按时计酬的员工每天只需发挥自己20%~30%的能力就足以保住个人的饭碗,但若充分调动其积极性、创造性,其潜力可发挥出80%~90%。因此,电商企业人力资源应采取一定措施来充分调动广大员工的工作积极性和创造性,才能最大地发挥人的主观能动性。

3. 取得人的最大使用价值

通过合理的管理实现人力资源的精干与高效,才能取得人的最大使用价值。使人达到最大的使用价值意味着人的有效技能得到最大的发挥。

现代人力资源管理的意义还可以从国家、组织、个人3个层面加以理解。"科教兴国""全面提高劳动者的素质"等国家的方针政策实际上谈的是一个国家、一个民族的人力资源的开发管理。只有一个国家的人力资源得到了充分的开发和有效的管理,国家才能繁荣,民族才能振兴。在一个组织中,只有求得有用人才、合理使用人才、科学管理人才、有效开发人才,才能促进组织目标的达成和个人价值的实现。针对个人的人力资源开发管理,包括个人潜能开发、技能提高、适应社会、融入组织、创造价值、奉献社会的问题,这些都有赖于企业人力资源的管理。

这里不从宏观层面和微观层面即国家和个人层面来谈人力资源管理,而是从中观层面即针对组织来谈现代人力资源管理。因此,我们更为关注现代人力资源管理对一个组织的价值和意义。在这里,现代人力资源管理对组织的意义至少可以体现在以下几个方面。

1. 对人力资源管理部门

人不仅是被管理的"客体",更是具有思想、感情、主观能动性的"主体",如何制定科学、合理、有效的人力资源管理政策、制度并为组织的决策提供有效信息,永远是人力资源管理部门的课题。

2. 对组织决策层

人、财、物、信息等是组织管理关注的主要方面,而只有人才是最重要的、能动的第一资源,纲举才能目张,只有管理好"人"这一资源,才算抓住了管理的要害、纲领。

3. 对一般管理者

任何管理者都不可能是一个"万能使者",他更多的应该是扮演一个"决策、引导、协调"下属工作的角色。管理者不仅需要有效地完成业务工作,更需要培养下属,开发员工潜能,建立良好的团队组织等。

4. 对普通员工

任何人都想掌握自己的命运,自己适合做什么、组织的目标是什么、价值观念是什么、岗位职责是什么、自己如何有效地融入组织中、结合组织目标如何开发自己的潜能、如何发挥自己的能力、如何设计自己的职业人生等，应该是每个员工都十分关心而又深感困惑的问题。现代人力资源管理则为每位员工提供了关于此类问题的有效帮助。

五、电商创业人力资源管理的内容与任务

源于传统人事管理而又超越传统人事管理的现代人力资源管理主要包括以下具体内容和工作任务。

（一）电商创业人力资源管理的内容

电商创业人力资源管理关心的是"人的问题"，其核心是认识人性、尊重人性，强调现代人力资源管理"以人为本"。在一个组织中，围绕人，主要关心人本身、人与人的关系、人与工作的关系、人与环境的关系、人与组织的关系等。

公认的观点是：现代人力资源管理是一个人力资源的获取、整合、保持激励、控制调整及开发的过程。通俗地说，就是现代人力资源管理主要包括求才、用才、育才、激才、留才等内容和工作任务。现代人力资源管理主要内容包括以下几大系统：

(1) 人力资源的教育培训系统。
(2) 人力资源的战略规划、决策系统。
(3) 人力资源的招聘、选拔与录用系统。
(4) 人力资源的工作绩效考评系统。
(5) 人力资源的成本核算与管理系统。
(6) 人力资源的职业发展设计系统。
(7) 人力资源的薪酬福利管理与激励系统。
(8) 人力资源的保障系统。
(9) 人力资源管理的诊断系统。
(10) 人力资源管理的政策、法规系统。

为了科学、有效地实施现代人力资源管理各系统的职能，从事人力资源管理工作的人员应该掌握3个方面的知识：①关于人的心理、行为及其本性的一些认识；②心理、行为测评及其分析技术，即测什么、怎么测、效果如何等；③职务分析技术，即了解工作内容、责任者、工作岗位、工作时间、怎么操作、为什么做等方面的技术。这是从事人力资源管理工作的前提和基础。

（二）电商创业企业人力资源管理的工作任务

人力资源管理的核心任务有两个：一是激发员工的奉献精神；二是培养和发展员工的能力。第一方面是解决员工愿不愿意去做事的问题，第二方面是解决员工能不能做事的问题。在日趋激烈的竞争时代，对员工工作积极性和工作能力的双重要求比以往任何时候都高，人力资源管理的任务因而更加突出。

人力资源管理主要包括以下几项工作任务。

1. 制订人力资源计划

组织应根据发展战略和经营计划，评估人力资源现状及发展趋势，收集和分析人力

资源供给与需求方面的信息与资料，预测人力资源供给与需求的发展趋势，制订人力资源招聘、调配、培训、开发及发展等计划。

2. 人力资源成本核算

人力资源管理部门应与财务等部门合作，建立人力资源会计体系，开展人力资源投入成本与产出效益的核算工作。人力资源核算工作不仅可以改进人力资源管理工作本身，而且可以为决策部门提供准确的量化依据。

3. 工作设计和岗位分析

对组织中的各项工作和岗位进行分析，确定每一项工作和岗位对员工的具体要求，包括：技术及种类、范围和熟悉程度；学习、工作与生活经验；身体健康状况；工作的责任、权利与义务等方面的情况。这些具体要求必须形成书面材料，这就是工作岗位职责说明书。这种说明书不仅是组织招聘工作的依据，也是对员工工作表现进行评价的标准，还是对员工进行培训、调配、晋升等考核工作的重要根据。

4. 人员的选拔与招聘

人力资源的选拔应遵循平等就业、双向选择、择优录用等原则。要根据组织内部的岗位需要与工作岗位职责说明书，利用各种方法和手段如接受推荐、刊登广告、举办人才交流会、到职业介绍所登记等，从组织内部或外部吸引应聘人员。再经过资格审查如接受教育程度、工作经历、年龄、健康状况等方面的审查，从应聘人员中初选出一定数量的候选人，然后经过严格的考试，如笔试、面试、评价中心、情景模拟等方法进行筛选，确定最后录用人选。

5. 聘用管理与劳资关系

员工一旦被组织聘用，就与组织形成了一种雇佣与被雇佣的、相互依存的劳资关系，为了保护双方的合法权益，有必要就员工的工资、福利、工作条件和环境等事宜达成一定协议，签订劳动合同。

6. 教育、培训和发展

为了提高员工的工作能力和技能，组织应该开展富有针对性的岗位技能培训。对于管理人员，尤其是对即将晋升者有必要开展提高性的培训和教育，目的是促使他们尽快具有在更高一级职位上工作的全面认知、熟练技能、管理技巧和应变能力。

应聘进入一个组织（主要指电商创业企业）的新员工必须接受入职教育，它是帮助新员工了解和适应组织、接受组织文化的有效手段。入职教育的主要内容包括组织的历史发展状况和未来发展规划、职业道德和组织纪律、劳动安全卫生、社会保障和质量管理知识与要求、岗位职责、员工权益及工资福利状况等。

7. 绩效考核

绩效考核就是对照工作岗位职责说明书和工作任务，对员工的业务能力、工作表现及工作态度等进行评价，并给予量化考核的过程。这种评价可以是自我总结式，也可以是他评式，或者是综合评价。考核结果是员工晋升、接受奖惩、发放工资、接受培训等的有效依据，它有利于调动员工的工作积极性和创造性，检查和改进人力资源管理工作。

8. 职业生涯发展

人力资源管理部门和管理人员有责任鼓励和关心员工的个人发展，帮助其制订个人发展计划，并及时进行监督和考察。这样做有利于促进组织的发展，使员工有归属感，激发其员工工作的积极性和创造性，提高组织效益。人力资源管理部门在帮助员工制订其个人发展计划时应考虑与组织发展计划的协调性或一致性，这样人力资源管理部门才能对员工实施有效的帮助和指导，促使个人发展计划顺利实施并取得成效。

9. 工资报酬与福利保障设计

员工福利是社会和组织保障的一部分，是工资报酬的补充和延续。主要包括政府规定的退休金或养老保险、医疗保险、失业保险、工伤保险、节假日，以及为了保障员工的工作安全卫生，提供必要的安全培训教育、良好的劳动工作条件等。

合理、科学的工资报酬福利体系关系到组织中员工队伍的稳定与否。人力资源管理部门要从员工的资历、职级、岗位及实际表现和工作成绩等方面，来为员工制定相应的、具有吸引力的工资报酬福利标准与制度。工资报酬应随着员工的工作职务升降、工作岗位的变化、工作表现的好坏与工作成绩的结果进行相应的调整，不能只降不升或只升不降。

10. 员工档案

人力资源管理部门有责任保管好员工进入组织时的简历以及进入组织后关于工作主动性、工作表现、工作成绩、工资报酬、职务升降、奖惩、接受培训和教育等方面的书面记录材料。

六、电商创业企业人力资源管理的过程

人力资源管理是在组织特定环境中进行的一种以人为对象的、包括一系列活动步骤的专项或专业管理工作。人力资源管理的基本过程包括计划、组织、引导、培训、控制、监督和绩效考核等一系列管理手段的实施过程。基本步骤为：一是确定和选聘有能力的员工，二是塑造能适应组织和不断更新技能的员工，三是使员工能长期地保持高绩效并形成对组织的忠诚与奉献精神。

七、电商创业企业人力资源的战略计划

人力资源计划是预测未来的组织任务和环境对组织的要求，以及为了完成这些任务和满足这些要求而设计的提供人力资源的过程。它要求通过收集和利用信息对人力资源活动中的资源使用活动进行决策。对于一个企业来说，人力资源规划的实质是根据企业经营方针确定企业人力资源，来实现企业目标。通过制定人力资源计划，可以将组织的目标和任务计划转换为需要哪些人员来实现这些目标和任务的人员配备计划，并将员工个人的职业发展纳入组织的职业管理计划中。人力资源计划分为战略计划和战术计划两个方面。

战略计划是根据组织内部的经营方向和经营目标及组织外部的社会和法律环境对人力资源的影响，来制订的一套几年计划（一般为两年以上）。同时还要注意其战略规划的稳定性和灵活性的统一。在制订战略计划的过程中，必须注意以下方面。

（一）人力资源预测

要根据电商创业企业战略规划及电商创业企业内外环境的分析制订人力资源战略计

划，为配合组织发展的需要以及避免制订人力资源战术计划的盲目性，应该对电商创业企业所需的人才做适当预测，在估算人才需求量时应该考虑以下因素：

（1）因现有人才离职和退休所需补充的人才。
（2）因组织的业务发展和紧缩所需增减的人才。
（3）因管理体系的变更、技术的革新及组织经营规模的扩大所需的人才。

（二）人力资源管理的政策环境

包括国家制定的人力资源法律法规，关于人才的各种措施，如国家各种经济法规的实施、国内外经济环境的变化、国家及地方对人力资源和人才的各种政策规定等。这些外部环境的变化必定影响组织内部的整体经营环境，组织内部的人力资源政策理应随之有所变动。

（三）人力资源管理的内部经营环境

电商创业企业制定人力资源政策必须遵从电商创业企业的管理状况、组织状况、经营状况变化和经营目标的变化。在遵从内部经营环境方面，电商创业企业的人力资源管理必须根据以下原则：

1. 成长原则

人力资源的经营成长原则是指组织在资本积累增加、销售额增加、组织规模和市场扩大的情况下，人员必定增加。电商创业企业人力资源的基本内容和目标是基于组织的壮大和发展。

2. 持续原则

人力资源战略应该追求组织的生命力和可持续增长，并以保持组织的永远发展潜力为目的，必须致力于劳资关系。现实中电商创业企业的一时顺境并不代表组织的长远发展，这就要求企业领导者和人力资源管理者具有长远目标和宽阔的胸襟，从组织长远发展的大局出发，协调好劳资关系，做好组织的人才再造和培植接班人的工作。

3. 安定原则

安定原则要求组织不断提高工作效率，电商创业企业的人力资源应该以组织的稳定发展为其管理的前提和基础。电商创业企业的人力资源战略是电商创业企业整体战略的有机组成部分，人力资源战略是联系组织整体战略和具体人才资源活动的一座桥梁。

（四）电商创业企业文化

电商创业企业文化的核心是培育组织的价值观，培育一种符合实际的、创新向上的组织文化。组织的人力资源规划必须充分注意与组织文化的融合与渗透，保障组织经营的战略的实现以及组织经营的特色和组织行为的约束力，只有这样，才能使组织的人力资源具有延续性，具有符合自己组织需要的人力资源特色。

八、电商创业企业人力资源战术计划

人力资源战术计划是根据组织未来面临的外部人力资源供求及组织发展对人力资源

的需求量预测，根据预测结果而制定的具体方案，包括招聘、辞退、晋升、培训、工资福利政策和组织变革等。

电商创业企业有了组织的人力资源战略计划后，还要制订组织的人力资源战术计划。人力资源的战术计划一般包括以下4个部分。

1. 人员招聘计划

组织针对人力资源需求情况应制订出人员招聘计划，一般按年度编制，其内容包括：计算各年度岗位所需人员，计划考察可内部晋升调配的人才，确定各年度必须向外招聘的人员数量，确定招聘方式，寻找招聘来源。

2. 人才培训计划

人才培训计划是人力资源战术计划的重要内容。应按照组织的业务需要和组织的战略目标以及组织的培训能力，分别确定以下培训计划：

（1）新进人才培训计划。

（2）专业人才培训计划。

（3）部门主管培训计划。

（4）一般人员培训计划。

（5）人才选送进修计划。

3. 员工绩效考核计划

因组织内部分工不同，对于员工的考核方法也不相同，一般根据员工对组织所做贡献的大小作为考核的依据。绩效考核计划应针对员工工作成绩的数量和质量以及员工在工作中的优缺点等方面加以制订。应根据工作性质的不同，制订相应的人力资源绩效考核计划，如市场营销人员和公司财务人员的考核体系就应该是不一样的。人力资源绩效考核计划主要包括3个方面：工作环境变动性的大小；工作内容程序性的大小；员工工作独立性的大小。

做好绩效考核计划后，还应制定相应的考核办法，主要方法有员工比较法、关键事件法、行为对照法、等级鉴定法、目标管理法等。

4. 员工薪酬管理计划

薪酬管理是根据员工对组织贡献的价值为员工提供公平的物质回报，其中主要部分是货币报酬。薪酬管理是员工价值的实现方式，体现出组织对员工价值的评价标准。合理的薪酬分配方式能够促进员工理解和接受组织文化与组织价值观，对员工行为起到激励作用。薪酬管理中，薪酬项目、薪酬水平、薪酬关系、薪酬调整等问题需要高度重视。

薪酬计划管理对电商创业企业来说，一方面可以确保组织人工成本与组织经营状况保持恰当的比例关系，另一方面可以发挥薪酬的激励作用，调动员工的工作积极性。薪酬总额取决于组织内员工不同的分布状况和工作绩效。通过薪酬计划管理，可以在预测组织发展的基础上对未来的薪酬总额进行测算，并确定未来一定时期内的激励政策，包括激励方式、激励倾斜的重点等内容。

九、电商创业企业制订人力资源计划的要求

电商创业企业制订人力资源计划时，必须注意以下几个方面的要求：

(1)人力资源计划必须建立在对基本计划进行预测的基础上。

(2)人力资源计划应该从实现组织目标和员工个人发展目标有机结合的基础上来制订。

(3)人力资源计划应该按照内、外部一致性的要求来编制。

十、电商创业企业人力资源管理机构的设置

一定规模的电商创业企业一般应设置人力资源管理部门，有专业的人力资源管理人员。人力资源管理部门除了为直线管理人员提供人力资源管理方面的服务和帮助外，还必须履行企业人力资源管理控制者和协调者的职能。在组织规模比较小的企业中，直线管理人员能够承担单位人力资源管理的所有职责，但当组织规模扩大以后，直线管理者需要专业的人力资源管理者为他们提供专业的参谋服务，这个时候人力资源管理部门就是直线管理者的得力助手。

1. 电商创业企业人力资源管理部门的工作职责

电商创业企业人力资源管理部门在每个组织中的职责和分工各有不同，人力资源管理部门的主要职责有：制定和推动人力资源政策和措施，确保既定的人事目标、人事政策及人事程序认真贯彻执行，为直线管理人员提供帮助和服务，如提供培训、考核等相关方面的建议和方法支持，处理员工申诉和劳资纠纷，提供有关劳动法律、安全生产法律方面的帮助等，人力资源管理人员还要向员工提供有关的人力资源信息，在相互需要和协助的前提下建立起良好的沟通渠道。

2. 电商创业企业人力资源管理专家的职责

在电商创业企业人力资源管理工作中，人力资源管理专家的一般职责有：

(1)制定人力资源管理政策和程序。

(2)开发与选用有效的人力资源管理方法。

(3)评价与监督人力资源管理活动。

(4)在人力资源管理问题上向直线管理者提供建议和协助。

3. 电商创业企业直线管理人员在人力资源管理工作中的职责

电商创业企业的直线管理人员在人力资源管理工作中的职责主要有两方面：

(1)提供必要的资料信息和配合。直线管理人员应为人力资源管理专家开展工作提供必要的资料信息，辅助进行有关职位分析并审核最终形成的职位说明文件，在人力资源管理专家制订员工培训计划时提供所需培训的类别、内容、方法的建议及参加培训的人员的有关情况。

(2)从事人力资源管理活动。直线管理人员应根据人力资源管理部门订立的程序和方法从事人力资源管理活动，对拟聘人员进行面谈、甄选，对员工的上岗引导、岗前实习和在岗培训，对部属工作绩效的考评、反馈，提出提薪、晋级的建议，按组织的规章条例实施训导和奖惩，进行事故调查，解决争端与不满等事宜。

传统的人力资源管理的观念和方法正在被人们批判和摒弃，越来越多的组织和管理者开始认识和重视人力资源管理对组织目标的贡献，重视学习人力资源管理的相关理念和知识，建设专业化的人力资源管理队伍。

现代人力资源管理的组织体系具有系统性、完整性和全面性的特点，要求将组织内甚至可能利用的组织外人员纳入统一的系统来规划。人力资源管理涉及组织的每一个管理者，广义上说，组织中的每一个管理者都是人力资源管理者。而人力资源管理部门的主要职责在于制定人力资源规划和人力资源开发政策，根本目的是为改善和提高组织人力资源的整体素质和水平，提升企业综合实力，获取竞争优势，达到最佳的人员组合效益。

十一、电商创业企业人力资源管理部门内部的工作分工

在规模较大的电商创业企业中，人力资源管理部门内部往往会进行工作的进一步分工，细分的职位包括以下几个方面。

1. 就业与招聘主管人员

主要职责是：根据岗位的任职资格与工作内容确定应聘该职位的候选人应该具备的能力，选择合适的招聘方式。

2. 工资与福利管理人员

主要职责是：核定员工工资级别、工资水平和计发办法（如岗位工资、计件工资或绩效工资等），制定并实施福利待遇政策。

3. 职务或岗位分析人员

主要职责是：运用科学方法分析各岗位的工作内容、工作责任、工作权限、工作联系、工作条件、任职资格、工资等级、绩效标准等，制定工作程序，编写岗位工作说明书。

4. 培训管理人员

主要职责是：组织实施员工培训计划，安排培训时间、地点，准备培训材料等。

5. 人力资源管理专家

主要职责是：处理员工与组织或员工与员工之间可能出现的纠纷，规范员工的权利和义务，建立员工投诉制度，根据法律法规处理员工管理问题。

6. 考核管理人员

主要职责是：根据人力资源管理目标体系评价员工工作业绩，促进员工改进工作行为。现实实践中，人力资源管理部门一般只是参与程序的制定，过程管理通常留给部门负责人去完成。

此外考核管理人员中还应有社会保险管理人员、职业安全督导人员等。由于人力资源管理部门的工作非常重要，一般由副总裁甚至总裁负责管理人力资源部门的工作。

总之，有效的人力资源管理要求参谋与直线两方面的管理人员能切实地进行分工协作、密切配合，以确保组织人力资源管理实践得到系统、深入地开展。

十二、电商创业企业员工行为的引导与控制

在实际管理中能够观察到，凡是有关人员觉察（认为）管理制度对自己构成某种威胁时，通常都会出现员工"不服从"或消极抵制的情况。员工"不服从"一般有各种不同的表现，诸如采取防卫行为、阻挠行为、攻击行为等。然而，"觉察"或"认为"威

胁的存在并不一定就是事实。因此，电商创业企业中人力资源管理面对的主要问题不是判断管理制度中有无威胁的存在，而在于受到影响的有关人员是否"觉察"到威胁的存在。员工是否觉察到威胁的存在需要几个条件：一是制度是否强调惩罚，如企业规定如果完不成定额就会有某种形式的惩罚；如果在考核评价中经常处于落后的位置，就会影响到未来的晋升与工资水平。如果员工的感觉是"我们必须如何，不然的话就会如何"，就是觉察到了所说的威胁感。二是组织中人际间的相互关系（上下级之间的关系、部门之间的关系、直线人员和参谋人员之间的关系）是否存在信任，在缺乏人际间信任的组织中，员工的威胁感最强。三是企业管理制度对员工的自我实现、成长路线、个人安全或情绪产生不利的影响时，员工就会感到威胁的存在。

电商企业管理制度之所以使员工感到威胁，和企业传统的管理控制系统有相当大的关系。传统的管理控制系统存在各种各样的标准：有成本控制标准、有预算标准、有工作绩效标准以及各种工作标准，而这些标准本身就是压力。在管理者看来，建立了压力结构仍有不服从的，那就只好提高压力了。此外，传统控制系统的责任制度往往是对员工没有达到标准的一套惩罚办法，所谓"责任"就是"谁做错了什么"。然而，在威胁存在的情况下，员工总是会运用高超的智慧来对抗管理制度，使之失效。在这种情况下，管理者通常对问题采取反应式的管理措施，即设法制定出一套"击不垮"的规章制度。但即使这样的制度可以设计出来，也必然耗费巨大的管理成本。另一方面，员工对抗制度的巨大力量本身就是员工创造力的一种无谓浪费，因为若能将其投入到工作中，所带来的收效将是相当惊人的。

电商创业企业员工对管理制度威胁的"觉察"还会以"不诚实"的方式表现出来。一旦出现"不诚实的行为"，人力资源管理者通常会发出"人太不可捉摸了"或"人太不老实了"的感叹，而不去理解员工不诚实的行为可能恰是他们感受到的威胁和压力所致。因为如果我们能说"人在对抗规章制度"，就可以反过来说"规章制度在对抗人"。人们经常犯的一个错误就是将人的不诚实行为归咎于人格方面的特征，并因此将人划分为两类：一类是诚实的人，一类是不诚实的人。这种划分在某种意义上是正确的，因为我们经常可以看到一些人在任何情况下都透着不诚实，也可以看到一些人在任何方面及细微之处都显露着诚实。但是这两种人其实都不正常，同样都犯了不能正常自我调节的心理疾病。一个正常的人一定在某些情况下具有不诚实的表现，但我们不能以这种不诚实的表现来概括他们的人格。正确的看法应该是：绝大多数人都具有诚实的倾向，即在大多数情况下正常人都能表现为诚实，但在某些特殊情况下或特殊的文化规范和标准的影响下会产生不诚实的行为。正如有人会因紧急的事情而偶然违反交通规则；人们通常不会告诉一个患有癌症而自己又不知道的病人"你得了癌症，已经没救了"；一个贫困且饥饿的母亲可能会对自己年幼的孩子说"我已经吃饱了，你多吃一些"……同样，在企业各种规章制度的压力下，员工自然也会有不诚实的行为。如果我们将这种不诚实的行为归咎于员工的品格，那么我们就可能造成更大的威胁，结果只能是导致更多的不诚实。由此可以推论，传统的管理制度理念力求避免员工的"不服从"或"不诚实"行为，但却有可能在不知不觉中强化了"不服从"和"不诚实"的行为。这样做不但无助于改善组织内相互缺乏信任的环境，甚至可能就是组织中缺乏信任的根本原因。在这种环境中，员工对于规章威胁的反应必然是一种敌对的反应，是自我防卫的行为。此外，在该环境中即使没有管理规章威胁的存在，其结果也不一定就是员工的"服从"，更多的可能是员工的漠不关心和消极态度。

"操纵"与民主管理的最大区别是：在"操纵"的情况下，员工缺乏自我管理能力，互不信任、互不买账，无法自己解决彼此间的冲突与纠纷，只好等一个谁也惹不起的家伙出来把大家的自由和民主全部剥夺了，这才算有了"管理秩序"，操纵的合法性也就由此成立。并且，在"操纵"之下工作和生活久了的员工因习惯被人管、被人"操纵"，自我管理的能力萎缩了，就像鸟关在笼子里久了不会飞一样。所以，习惯被人管、被人"操纵"、被人安排的员工总是抱有一种等着被组织、被领导接受的心态，等不来就委屈、愤怒、沮丧，缺乏依靠自己动手来改变一切的习惯和能力。而在民主管理的情形下，员工有很强的自我管理能力，在他们上面再加一个专制权力进行操纵就显得多余。

（一）引导机制对员工行为的引导和控制

如果企业员工出现了上面所说的问题，电商创业企业应该引入引导机制对员工行为进行引导和控制。

企业管理制度的软化实质上是要求组织引入一种引导机制。现存的组织管理制度，"强制"也好，"约束"也罢，都是对员工行为的束缚，说到底还是由管理者制定规则并要求员工无条件服从。而现代组织倡导的应该是一种引导机制，电商企业管理者扮演的角色既不是生产的指挥者、调度者，也不是人际关系的调节者，而是一个引导者、领路人，他们的主要任务在于向员工说明组织的总体目标和发展方向，引导员工向规范的行为方向发展。在管理工作中，管理者只需要"抛砖引玉"，真正实现管理体制创新的还是员工。组织对于引导机制的引入应视环境、发展状况而定，总的来说，是让员工体会到一种氛围。对于引导机制的引入方式，有以下几点建议。

1. 以道德为导向，倡导人文精神，实现人性化管理

（1）以道德为导向。管理不仅是一门科学，更是一门艺术。管理中不仅要有理有法，更要体现情的存在。正如现在倡导由以法治国向以德治国转变一样，组织的管理制度也应以道德为导向。管理者犹如一场音乐会的指挥，在人力资源管理工作中只有统筹各方、协调发展，才能使工作顺利进行。

（2）人性化管理。现代管理理论认为，管理是综合运用各种资源，使管理达到事半功倍的效果。在管理过程中，人是最重要的因素，没有人，任何工作都无法进行，更谈不上管理了。正如日本著名企业家松下幸之助所说："企业是否对社会有所贡献，从而蓬勃发展下去，关键取决于人。"所以，人的作用是绝对不可忽视的。在倡导人文理念的今天，对组织的管理更要提倡一种人文精神，强调人性化管理的方法，甚至可以说，人本管理意识是组织的管理之本。组织管理实际上是一种综合管理，它必须调动人各方面的积极性，通过对人的关注去有效地实现管理目标。人性化管理要求电商创业企业管理者在工作中制定新的管理制度，将现有的"约束制度"甚至"强制制度"软化，让员工在组织中切实感觉到有人情味的管理制度才能真正发挥员工的才干。人性化管理在组织内并不难做到，例如许多组织都会在员工生日时送上一份礼物，这一小小的举动便会让员工倍感温暖，因为员工会认为自己收到的不仅是组织给予的礼物与祝福，更是组织对自己的肯定，在日后的工作中定会更加努力地回报组织。相反，强制的硬制度会让员工对工作失去耐心，甚至对组织失去信心。

2. 员工参与制定制度，实行自我管理

（1）标志着员工地位的提升。在工业经济初期，对一个企业来说，员工只是企业的受雇者，甚至仅仅被看作是劳动机器，而现在许多企业认为员工是企业的主人。这种地位的提升一方面是组织倡导的，另一方面也是员工希望得到的。然而这种变化不应仅仅是口头上说说就了事的，员工的确从内心希望成为组织的主人，这不仅是一种地位的提高，同时也是组织对员工自身价值的肯定。因此，让员工参与制度的制定是大有裨益的。

（2）制度制定妥当，便于员工实现自我管理。以往的工作制度大都由管理者制定，但实际的一线工作中必然有一些困难是管理者了解不到的，这样制定出来的制度容易让员工认为管理者不了解一线员工的疾苦，对制度不免产生抵触情绪。如果让员工参与到制度的制定中，便可以使各种难处得以体现，使制度制定得恰如其分，员工也便于自我管理。电商创业企业在制定制度时，可以向组织内的员工发放问卷、召开座谈会或成立一个由员工组成的制度委员会，及时了解员工对制度的感受。这样制定出来的制度才让员工更容易接受。

3. 营造良好氛围，创建优良的组织文化

组织文化是组织的核心竞争力，文化管理则是组织管理的最高层次。组织文化不单是指组织提倡的厂旗、厂徽之类的表层文化，更应该是一种深入人心的精神。对于管理制度这种中层的组织文化而言，应通过明确员工的职责来推动文化的进步。组织不是在真空中发展，员工也不是在真空中存在，只有良好的文化氛围，才能使员工形成共同的价值观，引导一致的行为规范即良好制度的形成。

4. 及时修改不合适的制度

组织是在发展的，是在不断变化的，制度也不可能是静止的。用新的情况去套用旧的制度必然会约束组织的发展。只有按照组织发展的需要，及时更新管理制度，才能使之与组织的运行相适应。华为采用的制度化生存，崇尚的是制度，提倡的却是创新，任何员工如果发现《华为基本法》等制度有不合理的地方，都可以提出来改正。这种对制度修改方式的改变也是人本管理的一种，更新制度的过程体现出的是组织民主管理方式和随机应变的管理方法。

5. 注重外部因素的作用

人力资源管理者既不能忽视认知、情感等心理因素对行为的影响，也要注重行为的社会学习及影响或控制行为的外部因素的作用。人们总是根据自己的认知、情感而不是客观现实做出反应，管理者不论事实上对员工绩效的评估是否公正而合理，或者组织提升的薪资是否事实上是同行中最高的，都比不上员工对这些方面的知觉来得重要。如果个体觉得绩效评估存在偏见或薪资水平低，那么，他们的行为就会与管理者的预期大相径庭。所以，管理者需要从人的行为的内在原因的全面分析中寻找解决问题的答案。当然，人的行为在另一方面也是学习的结果。这里所谓的学习，是指由于自身经验或社会经验而发生的相对长久的行为改变。前面在有关激励的强化理论中已经指出，提供对个体有利或不利的强化物会增加或减少某种行为重复发生的可能性。这种从外部来影响和控制人的行为的强化观点实际上隐含了这样的假设，即人的行为在某种程度上是经由学习而来的。人们学习并表现出能带来他们想要的东西的行为，而特定的行为在创造令人满意的结果后就会增强这种行为发生的频率。个体不仅通过直接经验进行学习，还通过观察或听取发生在他人身上的事情而学习，这种观察学习也说明了知觉在学习中的重要性。管理者应该通过对员工情境行为的疏导、培养、塑造，使员工产生他们所期望的行为。

6. 对行为的激励与控制应该并重

在人力资源管理中，对人的行为的激励与对人的行为的控制实际上是同一个问题的两个方面。激励、调动不足或者激励、调动缺乏控制或约束都可能影响组织所配备的人力资源发挥应有的作用。缺乏激励，员工的行为能循规蹈矩但无所作为，缺乏控制则会导致员工为私欲而不顾及组织的需要和目标。因此，对员工行为的激励与控制应该得到同等的重视。

对员工行为实施控制的目的是为了确保员工按照组织或管理者所期望的方式去工作。当然，管理者在决定充分引导员工的时候应首先做好一些前提工作：设法为员工发挥才智创造适宜的条件、消除员工的心理障碍等，这样才能使员工在进行管理与自我管理的过程中充分挖掘自己的潜力、发挥自己的才能。前文提到的人性化管理、员工自我管理等软化组织管理制度的一系列方法是引导机制的具体表现形式，电商创业企业只有将这些具体的工作做到位，才能真正实现人力资源管理的创新和变革。

（二）员工行为引导的方法

电商创业企业对员工的行为进行引导的方法有以下几种。

1. 激励员工

由于每个组织实际情况不同而有自己的激励政策和措施。激励政策与其他人力资源政策的不同之处在于：激励政策有更大的风险性，如果它不给组织带来正面的影响，就很可能带来负面的影响，所以企业在制定和实施激励政策时一定要谨慎。下面是一些关于激励的原则，如果电商创业企业制定和实施激励政策时能够注意这些原则，将会有效地提高激励效果。

（1）激励要因人而异。不同员工的需求不同，相同的激励政策起到的激励效果也不尽相同。即便是同一位员工，在不同的时间或环境下也会有不同的需求。由于激励取决于内因，是员工的主观感受，所以激励要因人而异。电商创业企业在制定和实施激励政策时，首先要弄清楚每个员工真正需要的是什么。将这些需要整理、归类，然后制定相应的激励政策帮助员工满足这些需求。

（2）奖惩适度。奖励和惩罚不适度都会影响激励效果，同时也会增加激励成本。奖励过重会使员工产生骄傲和满足的情绪，失去进一步提高自己的欲望；奖励过轻则起不到激励效果或者让员工产生不被重视的感觉；惩罚过重会让员工感到不公或者失去对公司的认同，甚至产生怠工或破坏情绪；惩罚过轻会让员工轻视错误的严重性，未来可能还会犯同样的错误。

（3）公平性。公平性是员工管理中很重要的原则，员工感到的任何不公待遇都会影响他们的工作效率和工作情绪，并且影响激励效果。取得同等成绩的员工一定要获得同等层次的奖励；同理，犯同等错误的员工也应受到同等层次的处罚。如果做不到这一点，管理者宁可不奖励或者不处罚。管理者在处理员工问题时一定要有一种公平的心态，不应有任何的偏见和喜好。虽然某些员工可能让你喜欢，有些你不太喜欢，但在工作中一定要一视同仁，不能有任何不公的言语和行为。

（4）奖励正确的事情。如果我们奖励错误的事情，错误的事情就会经常发生。这个问题虽然看起来很简单，但在具体实施激励时常常会被管理者所忽略。管理学家米切尔·拉伯夫经过多年的研究发现，一些管理者常常会奖励不合理的工作行为。他根据这些常犯的错误归出应奖励和避免奖励的10个方面的工作行为：①奖励彻底解决问题，而不是只图眼前利益的行动；②奖励承担风险而不是回避风险的行为；③奖励善用创造力而不是愚蠢的盲从行为；④奖励果断的行动而不是光说不练的行为；⑤奖励多动脑筋而不是奖励一味苦干；⑥奖励使事情简化而不是使事情不必要地复杂化；⑦奖励沉默而有效率的人而不是喋喋不休者；⑧奖励有质量的工作而不是匆忙草率的工作；⑨奖励忠诚者而不是跳槽者；⑩奖励团结合作而不是互相对抗。

2. 培训员工

组织中的员工培训与开发是指为了使员工获得或改进与工作有关的知识、技能、态度和行为，以利于提高员工的绩效以及员工对组织目标的贡献，组织所做的有计划的、有系统的各种活动。组织中的员工培训与开发是组织人力资源管理的重要组成部分和重要职能。开发员工应着眼于企业更长期的目标，着眼于劳动者潜能的挖掘，培训是开发的最主要途径。

一般比较优秀的组织都有自己的一套培训机制，因为在以人为本的组织里，提高员工的素质、使之能更好地适应工作需要是十分重要的。员工本人往往也十分看重组织的培训，经过培训的员工会大大增加身价。很多组织担心培训后员工会更多地要求加薪或跳槽，于是不太重视培训。这其实是一种短见，这样只会使员工的水平停留在一个较低的水平，喜欢上进的员工由于缺乏培训可能会更快地离开组织，久而久之，组织内只能留下一群平庸之辈。组织培训是人力资源部门的一项重要工作，人事经理每年年初要制订出一年的培训计划，培训计划要结合组织的人力资源现状和组织的年度发展计划制订。

培训的目的是使员工获得相关的知识和技能，以期得到更好的工作表现。驰名世界的德国巴斯夫公司把培训职工、提高其工作能力作为激励的5项基本原则之一。该公司的施恩麦博士认为："员工接受培训，既提高了知识，又培养了个性，他们在寻找更多的承认、更高的级别和更高的工资中遇到了挑战，他们利用各种机会来建立自己的未来，对公司十分有利。"在传统培训中，培训的方式主要以教师讲授为主，受训人在培训中的大量时间里是被动地接受知识。这种培训方式有其优点，如受众面广等，但缺点也是显而易见的，由于培训的对象大多是成年人，他们的记忆力、听课的自觉性等都与学生有很大的不同。这里介绍几种企业比较常用也比较有效的培训方式。

（1）在职培训。在职培训是通过工作过程学习技能和知识。上级主管和资深员工一方面要指导下属或新员工完成业务工作，同时要作为培训者，在日常工作中对下属员工传授技能和知识，培训指导下属是每一个管理者的重要职责。这类培训方式的特点是：培训在真实的工作环境和工作条件下进行，贯穿与实际工作之中，并由经验丰富的训导者结合实际情况给以指导，因而能使受训者直接掌握工作技能和有效提高工作能力，培训开发的成本也比较低。

一般来说，在职培训适用于技术和能力培训。具体方式有：

①学徒制培训。由工龄较长的技工以师傅带徒弟的方式传授技艺，这是一种比较传统的培训方式，比较适用于技术性较强的工种的任职前培训，如电工、仪表工、钳工、机修工、水管工、木工等，培训时间一般为1~3年。采用此种方式的重要前提是要对师傅进行资格认证，否则便不能有效实现培训的目的。

②工作指导培训。由指定的训导人员在工作中有计划地对受训者进行培训，训导人员可以是受训者的直接上级或其他人员，适用于技术工种的技能培训和普通岗位的操作技能培训。

③工作轮换。采用工作轮换法进行培训，职工有机会熟悉各种职务的特点及其相互关系，培训内容丰富多样，能够提高受训者的学习兴趣和动机。员工有机会掌握多种技能，成为一职多能的多面手，从而扩展其工作视野，提高员工对工作的适应性。它适用于操作岗位，技术工种及管理人员的培训。

④挂职锻炼。这是一种培训管理者的方式，让受训者担任非正式的助理等职务，使其在管理工作中进行实际锻炼。

⑤自学。由员工本人根据工作需要、个人兴趣和现有条件，选择对口专业进行业余自学，如参加自学考试和技术资格考试等。

（2）脱产培训。脱产培训是指离开工作和工作现场，由组织内外的专家和教师对组织内各类人员进行集中的培训。脱产培训分两类，一是分层次脱产培训，另一类是分专业脱产培训。

①分层次脱产培训。是指对不同层次的员工进行脱产培训，包括对各类管理层次人员的培训，如对部长的脱产培训、对处长的脱产培训以及对科长、车间主任、班组长的脱产培训；还包括对新员工的岗前培训，对老员工的脱产培训等。

②分专业脱产培训。是指按照不同专业对各类员工进行脱产培训，包括进行全面质量培训、安全生产培训、财务管理培训及其他专业技术培训。

（3）"小岛"讨论。员工以5~7人为一组，围在一个圆形桌前（即"小岛"）对特定的话题进行讨论，由指导老师控制讨论的进程和时间。每位员工都可以自由地发表自己的建议，但是不许反驳别人的建议，指导老师将每个人的意见都写在白板上，同时鼓励员工说出更新颖或更古怪的想法。当大家将自己的想法全部讲完后，在指导老师的指导下，员工对每一个建议进行评价，最后选出大家都满意的答案。"小岛"讨论的方式是引导员工自己解决管理问题的有效方法，因为员工往往更容易遵守自己制定的制度和规则。

（4）角色扮演。角色扮演对提高员工的工作技能或改造工作习惯很有帮助，比如对销售人员可以采用角色扮演的方式实际模拟产品的销售过程，从而提高销售技能。另外，可以让经常上班迟到的员工扮演他的上级，由他的上级扮演经常迟到的员工，用这种角色互换来体验迟到带来的影响，更容易让员工改变迟到的恶习。

（5）管理游戏。管理游戏的表现形式可以多种多样，比如生存训练、辩论赛等。比如有的管理者认为管理应该严谨，有的管理者认为管理应该有人情味，这时就可以组织一个关于"管理应该严谨还是有人情"的辩论赛，让认为管理应该严谨的管理者站在"管理应该有人情"一方，让认为管理应该有人情的管理者站在"管理应该严谨"一方，让双方用与自己传统观点相反的观念进行辩论。这样，在辩论结束后双方都会发现自己不再像以前那么固执。

（6）观摩范例。是让员工观看实例录像或进行实例表演的一种培训方法。比如可以将面试者面试的情景录制成录像，而后让本人或大家观看，从中发现一些面试时应改善的问题。还可以组织一些实际参观，使员工直观地接触一些真实的事物。

（三）对员工的行为进行控制

控制是在工作过程中进行的，包括对员工的工作行为、纪律、态度等的了解、分析和监督，对好的情况进行鼓励和正确引导，对落后的情况进行批评指正。如对工作业绩完成度高、工作热情饱满的员工予以表扬鼓励，对违纪违法行为给予惩罚等。

对员工行为进行控制的其他方法有：通过培训进行事前控制，在工作过程中监督控制，事后考核控制。

第六节 电商创业企业财务管理

一、电商创业企业财务管理概述

（一）电商创业企业的财务活动

财务活动是指企业资金的筹集、投放、使用、收回与分配等一系列行为。电商创业企业的财务活动主要包括以下 4 个方面。

1. 筹资活动

筹资是指企业为满足投资和用资的需要，筹措和集中所需资金的过程。

2. 投资活动

企业投资可以从狭义和广义两方面理解：狭义的投资仅指企业对外投资；广义的投资包括企业内部使用资金的过程和对外投放资金的过程。

3. 资金营运活动

资金营运活动是指企业在日常生产经营过程中所发生的资金收付活动。

4. 分配活动

分配活动有广义和狭义之分，狭义的分配仅指对净利润的分配；广义的分配是指企业对各种收入进行分割和分派的过程。

(二) 电商创业企业的财务关系

企业财务关系主要是指企业在组织财务活动过程中与有关各方所发生的经济利益关系，电商创业企业的财务关系主要包括以下7个方面：

1. 企业与投资者之间的财务关系

企业与投资者之间的财务关系主要是指投资者向企业投入资金，企业向投资者支付报酬所形成的经济关系。

2. 企业与债权人之间的财务关系

企业与债权人之间的财务关系主要是指企业向债权人借入资金，并按借款合同的规定按时支付利息和归还本金所形成的经济关系。

3. 企业与受资者之间的财务关系

企业与受资者之间的财务关系主要是指企业以购买股票或直接投资的形式向其他企业投资所形成的经济关系。

4. 企业与债务人之间的财务关系

企业与债务人之间的财务关系主要是指企业将其资金以购买债券、提供借款或商业信用等形式出借给其他单位所形成的经济关系。

5. 企业与政府之间的财务关系

企业与政府之间的财务关系主要是指政府作为社会管理者，强制和无偿参与企业利润分配所形成的经济关系。

6. 企业内部各单位之间的财务关系

企业内部各单位之间的财务关系主要是指企业内各单位之间在生产经营各环节中相互提供产品或劳务所形成的经济关系。

7. 企业与职工之间的财务关系

企业与职工之间的财务关系主要是指企业向职工支付劳动报酬过程中所形成的经济关系。

(三) 电商创业企业的财务管理

财务管理是企业管理的重要组成部分，财务管理是组织财务活动、处理财务关系的一项综合性管理工作，是利用价值形式对企业生产经营过程进行的管理。电商创业企业财务管理的范围主要包括3个方面：

1. 财务政策

财务政策是企业组织、进行资本筹集与运用业务的指南。

2. 财务计划

财务计划是企业财务政策的具体化，是企业在计划期内财务活动的目标、内容和程序、数据的具体表现。

3. 财务控制

财务控制是在财务计划实施过程中对财务活动进行的指导、限制和调整。

(四) 电商创业企业的财务管理环境

财务管理环境是指对企业财务活动和财务管理产生影响作用的各种内部和外部条件，

电商创业企业的财务管理环境主要包括以下几个方面。

1. 经济环境

财务管理的经济环境主要包括经济周期、经济发展水平和经济政策等。

2. 法律环境

财务管理的法律环境主要包括企业组织形式方面的法规和税收法规。

（1）企业组织形式主要包括独资企业、合伙企业和公司制企业3种形式。

（2）税收法规是由国家机关制定的调整税收征纳关系及其管理关系的法律规范的总称。我国税收法规的构成要素主要有：征税人、纳税义务人、征税对象、税目、税率、纳税环节、计税依据、纳税期限、纳税地点、减税免税、法律责任等。

我国现行税法规定的主要税种有增值税、消费税、营业税、资源税、企业所得税和个人所得税等。

3. 金融环境

财务管理的金融环境主要包括金融机构、金融工具、金融市场和利率4个方面。

（1）金融机构。金融机构包括银行业金融机构和其他金融机构。银行业金融机构主要包括各种商业银行以及政策性银行。其他金融机构包括金融资产管理公司、信托投资公司、财务公司和金融租赁公司等。

（2）金融工具。金融工具是指在信用活动中产生的、能够证明债权债务关系并据以进行货币资金交易的合法凭证，它对于债权债务双方所应承担的义务与享有的权利均具有法律效力。金融工具一般具有期限性、流动性、风险性和收益性4个基本特征。

金融工具按其期限不同可分为货币市场工具和资本市场工具，前者主要有商业票据、国库券（国债）、可转让大额定期存单、回购协议；后者主要是股票和债券等。

（3）金融市场。金融市场是办理各种有价证券、票据、外汇和金融衍生品买卖，以及同业之间进行货币借贷的场所。

金融市场的要素主要有：市场主体、金融工具、交易价格和组织形式。

（4）利率。利率也称利息率，是利息占本金的百分比。从资金的借贷关系看，利率是一定时期运用资金资源的交易价格。

利率按照不同的标准可分为不同的种类：①按利率之间的变动关系，分为基准利率和套算利率；②按利率与市场资金供求情况的关系，分为固定利率和浮动利率；③按利率形成机制不同，分为市场利率和法定利率。

（五）电商创业企业的财务管理目标

财务管理目标是指在特定的理财环境中，通过组织财务活动、处理财务关系要达到的目的。关于财务管理目标的代表性观点主要有以下几点。

1. 利润最大化

利润最大化目标是假定企业财务管理行为将朝着有利于企业利润最大化的方向发展。利润最大化目标的主要缺点是：①没有考虑资金时间价值；②没有反映创造的利润与投入资本之间的关系；③可能导致短期行为；④没有考虑风险因素。

2. 资本利润率最大化（每股利润最大化）

资本利润率是指净利润与资本额的比率。每股利润是指净利润与普通股股数的比值。

资本利润率最大化（每股利润最大化）目标的优点是：便于不同资本规模的企业或同一企业的不同期间之间的比较。其缺点是：没有考虑到资金时间价值和风险因素，也不能避免企业的短期行为。

3. 企业价值最大化

企业价值是指企业的市场价值，反映了企业潜在或预期获利能力。企业价值最大化目标的优点主要是：①考虑到了资金的时间价值和投资的风险价值；②反映了企业资产保值增值的要求；③克服了管理上的短期行为和片面性；④有利于社会资源的合理配置和实现社会效益的最大化。可见企业价值最大化是较为合理的财务管理目标。

（六）电商创业企业的财务管理环节

财务管理环节是财务管理工作的步骤与一般程序，也可以称为财务管理的职责和功能，是企业为了达到财务目标而对财务环境发展变化所做的能动的反映。具体包括以下内容。

1. 财务预测

财务预测是指根据财务活动的历史资料、考虑现实要求和条件，对企业未来财务活动和成果做出科学的预计和测算。

2. 财务决策

财务决策是指财务人员按照财务管理目标的总体要求，利用专门方法对各种备选方案进行比较分析，并从中选择最佳方案的过程。

3. 财务预算

财务预算是指运用科学的技术手段和数量方法，对未来财务活动的内容及指标进行的具体规划。

4. 财务控制

财务控制是指在财务管理过程中，运用特定手段和有关信息，对企业财务活动所施加的影响或进行的调节。

5. 财务分析

财务分析是指根据核算资料，运用有关指标和方法，对企业财务活动过程及其结果进行分析和评价的工作。

二、电商创业企业的财务预测

财务预测是电商创业企业财务管理的重要环节之一。

财务预测的主要任务有：①预计财务收支的发展变化情况，以确定经营目标；②测算各项生产经营方案的经济效益、为决策提供可靠的依据；③测定各项定额和标准，为编制、分解计划指标服务。财务预测环节主要包括：明确预测目标、搜集相关资料、建立预测模型、确定财务预测结果等。

财务预测的目的是：体现财务管理的事先性，帮助财务人员认识和控制未来的不确定性，将未来的不确定性降到最低限度，使财务计划的预期目标同变化的周围环境和经济条件保持一致，使企业管理者对财务计划的实施效果做到心中有数。

（一）财务预测的作用

财务预测对于电商创业企业提高经营管理水平和经济效益都有着十分重要的作用。其作用主要表现在以下几个方面。

1. 财务预测是经营决策的重要依据

管理的核心是决策，决策的关键是预测。电商创业企业通过财务预测为决策的各种方案提供依据，供决策者权衡利弊，进行正确选择。例如公司在经营决策时必然涉及成本费用、收益及资金需求量等问题，这些问题都需要通过财务预测进行估算。因此，财务预测的准确程度将直接影响到经营决策的质量。

2. 财务预测是合理安排收支、提高资金使用效益的保证

做好资金的筹集和使用工作不仅需要熟知公司过去的财务收支规律，还要善于预测公司未来的资金流量、了解企业在计划期内有哪些资金流入和流出、分析收支是否平衡，要做到瞻前顾后，长远规划，使财务管理工作处于主动地位。

3. 财务预测是提高管理水平的重要手段

财务预测为电商创业企业科学的财务决策和财务计划提供支持，有利于培养财务管理人员的超前性及预见性思维，使之居安思危，未雨绸缪。同时，财务预测过程中涉及大量的科学方法和现代化的管理手段，对提高财务管理人员的素质大有裨益。

财务预测的作用受其准确性高低的影响，准确性越高，作用越大。影响财务预测准确性的因素有主观因素和客观因素。主观因素是指预测者的素质，如数理统计分析能力与预测经验等。客观因素是指企业所处内外环境的变化。电商创业企业的财务预测工作者要在实践中积累经验，不断提高自己的预测能力和预测的准确性。

（二）电商创业企业财务预测的原则

电商创业企业进行财务预测时一般应遵循以下原则。

1. 连续性原则

财务预测必须具有连续性，即预测必须以过去和现在的财务资料为依据，来推断未来的财务状况。

2. 关键因素原则

电商创业企业进行财务预测时，为节约时间和费用，首先应集中精力于主要项目，而不应面面俱到。

3. 客观性原则

财务预测必须建立在客观事实的基础上，才能得出正确的结论。

4. 科学性原则

财务预测一方面要使用科学方法，如数理统计方法；另一方面要善于发现预测变量之间的相关性和相似性等规律，才能进行正确预测。

5. 经济型原则

财务预测讲究经济性，是因为财务预测也涉及费用成本和收益问题，要尽量做到使用较低的预测成本达到满意度较高的预测质量。

（三）电商创业企业财务预测的种类

财务预测可以按照不同标准进行多种分类：
（1）按预测的对象来分：分为筹资预测、投资预测、成本预测、收入预测和利润预测。
（2）按预测的性质来分：分为定性预测和定量预测。
（3）按预测的时间跨度来分：分为长期预测、中期预测和短期预测。
（4）按预测值的多寡来分：分为单项预测和多项预测。
（5）按预测的态势来分：分为表态预测和动态预测。

（四）电商创业企业财务预测的程序

财务预测方法不同，预测的程序步骤也不完全相同，电商创业企业财务预测一般按以下程序进行。

1. 明确财务预测目标与对象

财务预测首先要明确预测目标与对象，然后才能根据预测的目标、内容和要求确定预测的范围和时间。

2. 制订财务预测计划

制订预测计划的内容主要包括预测工作的组织领导、人事安排、工作进度、经费预算等。

3. 收集整理资料

资料收集是财务预测的基础。电商创业企业应根据财务预测的对象和目的，明确收集资料的内容、方式和途径，然后进行收集。对收集到的资料要进行可靠性、完整性和典型性检查，并分析其可用程度及偶然事件的影响，做到去粗取精、去伪存真，再根据需要对资料进行归类和汇总。

4. 选择预测方法

财务预测必须通过一定的科学方法才可能完成。电商创业企业应根据预测的目的以及取得信息资料的具体情况，选择适当的预测方法。在使用定量方法时，应建立数理统计模型；使用定性方法时，要按照一定的逻辑思维制定预算提纲。

5. 进行实际预测

实际预测中要根据所选择的预测方法进行财务预算，得出初步预算的结果。预测结果可用文字、表格或图形等多种形式表示。

6. 评价与修正预测结果

预测是对未来财务活动的设想和推断，难免会出现预测误差。对于预测结果，要经过经济分析评价之后才能予以采用。分析评价的重点是其影响企业未来发展的内外因素的变化情况。如果误差较大，就应该进行修正或重新预测，以确保最佳预测值。

（五）电商创业企业财务预测的方法

财务预测的方法可大致分为定性预测和定量预测两类。定量预测是指通过分析事物各项因素、属性的数量关系进行预测的方法。主要特点是：根据历史数据找出其内在规律，运用连贯性原则和类推性原则，通过数学运算对事物未来状况进行数量预测。定量预测的方法很多，常用的定量预测方法主要有：时间序列预测法（包括算术平均法、加权平均法、移动平均法、指数平滑法、最小二乘法等）、概率分析预测法（主要指马尔科夫预测法）、相关因素预测法（包括一元线性回归法、多元线性回归法等）。

定性预测是指通过判断事物所具有的各种因素、属性进行预测的方法，它是建立在经验判断、逻辑思维和逻辑推理基础上的。主要特点是：利用直观的材料，依靠个人经验进行综合分析，对事物未来状况进行预测并做出判断。常用的定性预测方法主要有专家会议法、德尔菲法、访问法、现场观察法、座谈法等。定性预测和定量预测并不是相互孤立的，企业在进行财务预测时经常要综合运用。

三、电商创业企业财务决策

企业决策是指企业在做出决策前必须权衡各备选方案，列出各备选方案的正反效果（包括定量和定性因素），确定各备选方案的净效益，然后比较各备选方案的净效益，最终选择出一个效益最好的方案并加以实施的过程。

企业财务决策又称为短期财务决策，是指对财务方案、财务政策进行选择和决定的过程。财务决策的目的在于确定令人满意的财务方案。只有确定了效果好并切实可行的方案，财务活动才能取得好的效益，完成企业价值最大化的财务管理目标，因此财务决策是整个财务管理的核心。财务决策需要有财务预测的基础作为前提，财务决策是对财务预测结果的分析与选择。财务决策是一种多标准的综合决策，决定方案的取舍既有货币化、可计量的经济标准，又有非货币化、不可计量的非经济标准，因此决策方案往往是多种因素综合平衡的结果。

（一）电商创业企业财务决策的目的

电商创业企业财务决策的目的是如何使企业目标最优化。对于电商创业企业财务决策来说，由于决策的影响是短期的，对战略的因素考虑较少，主要应注重企业收益最大化或在收入不变的情况下寻求最低成本。

（二）电商创业企业财务决策依据

在决策过程中，"成本效益分析"贯穿始终，成本效益分析的结果就成为选择决策方案的依据。效益最大或成本最低的备选方案就是企业应采取的决策方案。做好成本效益分析需要掌握财务信息和非财务信息两个方面的工作。

1. 财务信息

财务信息是指与特定决策相关的、能够用货币计量的因素。例如在零部件是自制还是外购的决策中，自制零件的成本和外购零件的价格能用货币进行计量，就属于财务信息。

管理会计关注的主要是定量化因素或能用货币计量之因素的成本效益分析。基本规则是：在其他因素相同的情况下，用货币计量的效益最大或成本最低的方案就是最佳方案。在管理会计中，成本效益分析比日常生活中的决策更为系统化。系统化分析的好处之一是：能够保证进行成本效益分析时与决策有关的所有成本和效益因素都不会被遗漏。如被遗漏，就可能导致决策的错误。在成本效益分析时最困难的是：在所有信息中识别出与被选方案有关的成本（即相关成本）和效益因素。

成本效益分析的方法是比较简单的，首先，考察所取得的全部信息，并识别备选方案中与决策有关的成本和效益。然后，用表列出所有的成本及相关的效益。最后将效益减成本，两者之差就是某个或某系列备选方案的净效益或净成本。如何列示成本和效益因素是没有固定形式的，但是在陈述相关信息时必须保证这些信息易于理解，所有备选方案最终的比较结果是在一个相似的基础上得出的，这样才有利于最佳方案的选择。

2. 非财务信息

管理会计需要关注的是决策方案的财务信息，但非财务信息（也称定性因素）对成本效益分析及决策的重要性也不亚于定量因素或可用货币计量的因素。大部分备选方案中都隐含着非财务性因素。这些非财务性因素包括决策中的人际因素，如员工素质、士气、公共关系以及不能用货币确定计量的长远影响等。电商创业企业在做出具体决策前必须充分考虑这些定性因素。

（三）电商创业企业财务决策的分类

1. 按财务决策是否程序化分类

按财务决策是否程序化可分为程序化财务决策和非程序化财务决策。程序化财务决策是指对不断重复出现的例行财务活动所做的决策。非程序化财务决策是指对不重复出现、具有独特性的非例行财务活动所做的决策。

2. 按决策涉及时间的长短分类

按决策涉及时间的长短可分为长期财务决策和短期财务决策。长期财务决策是指所涉及时间超过1年的财务决策。短期财务决策是指所涉及时间不超过1年的财务决策。

3. 按决策所处的条件分类

按决策所处的条件可分为确定型财务决策、风险型财务决策和非确定型财务决策。确定型财务决策是指：对未来情况完全掌握、每种方案只有一种结果的事件的决策。风险型财务决策是指：对未来情况不完全掌握，每种方案会出现几种结果，但可按概率确定条件的决策。非确定型财务决策是指：对未来情况完全不掌握，每种方案会出现几种结果且其结果不能确定的事件的决策。

4. 按决策涉及的内容分类

按决策涉及的内容可分为投资决策、筹资决策和股利分配决策。投资决策是指资金对外投出和内部配置使用的决策。筹资决策是指有关资金筹措的决策。股利分配决策是指有关利润分配的决策。

此外，企业财务决策还可以分为生产决策、市场营销决策等。生产决策是指在生产领域中，对生产什么、生产多少以及如何生产等方面的问题做出的决策，包括剩余生产能力的运用、亏损产品的处理、关联产品是否进一步加工和生产批量的确定等。

（四）电商创业企业财务决策步骤

电商创业企业进行财务决策需经过如下步骤：

（1）确定财务决策目标。财务决策目标是指确定财务决策所要解决的问题和达到的目的。

（2）进行财务预测。通过财务预测，取得财务决策所需的，经过科学处理的预测结果。

（3）方案评价与选优。指根据预测结果建立若干备选方案，并运用决策方法和决策标准对各方案进行分析论证，做出综合评价，选择最满意的方案。

（4）决策的实施。选择最优方案后还需进行详细的计划安排，并组织实施，同时对计划执行情况进行控制，搜集执行结果及信息反馈情况，以判断决策的正误，及时修正方案，确保决策目标的实现。

（五）电商创业企业财务决策方法

电商创业企业财务决策的方法主要分为定性财务决策方法和定量财务决策方法两类。定性财务决策方法是指通过判断事物所特有的各种因素、属性进行决策的方法，它是建立在经验判断、逻辑思维和逻辑推理之上的。其特点是：依靠个人经验和综合分析对比进行决策。定性财务决策的方法有专家会议法、德尔菲法等。

定量财务决策方法是指通过分析事物各项因素、属性的数量关系进行决策的方法。其主要特点是：在决策的变量与目标之间建立数学模型，根据决策条件和计算得出决策结果。定量财务决策的方法主要有：确定型决策的量本利分析法、线性规划法、差量分析法、效用曲线法、马尔可夫法等。非确定型决策的小中取大法、大中取大法、大中取小法、后悔值法等。

四、电商创业企业财务预算

企业财务预算是指一系列专门反映企业未来一定预算期内预计财务状况和经营成果，以及现金收支等价值指标的各种预算的总称。主要包括：反映现金收支活动的现金预算、反映企业财务状况的预计资产负债表、反映企业财务成果的预计利润表和预计现金流量表等内容。

（一）电商创业企业财务预算的作用

财务预算是企业全面预算体系中的重要组成部分，在全面预算体系中主要有以下作用。

1. 使决策目标具体化、系统化和定量化

现代企业财务管理中，财务预算能全面、综合地协调、规划企业内部各部门、各层次的经济关系与职能，服从于未来经营总体目标的要求；同时，企业财务预算能够明确规定企业相关生产经营人员的职责与奋斗目标，做到人人事前心中有数，使决策目标具体化、系统化和定量化。

作为全面预算体系中的最后环节，财务预算可以从价值方面反映经营期各种决策预算与业务预算的结果，使预算执行情况一目了然。

2. 有助于财务目标的顺利实现

通过财务预算，可建立评价企业财务状况的标准。将实际数与预算数比较，能及时发现问题和调整偏差，使企业的经济活动按预定的目标进行。

(二) 电商创业企业财务预算的组成

1. 现金预算

现金预算是指反映预期内企业现金流转状况的预算。这里所说的现金包括企业库存现金、银行存款等货币资金。编制现金预算的目的是合理地处理现金收支业务、调度资金，保证企业财务处于良好状态。现金预算包括以下内容：①现金收入。包括期初现金结存数和预算期内预计现金收入数，如现金销售收入、回收应收账款、票据贴现等。②现金支出。指预算期内预计现金支出数，如支付材料采购款、支付工资、支付制造费用、管理费用和销售费用、偿还应付账款、交纳税金、购买设备等。③现金的多余或不足。现金收支相抵后的余额若收大于支，表示现金有多余，可用于偿还贷款，购买短期证券；若收小于支，表示现金不足，企业需要设法筹资。如果企业资金不足，就要向银行借款或发行短期商业票据，以筹集资金及还本付息等。

2. 财务费用预算

财务费用预算是指预算期内因筹集生产经营所需资金而发生的费用计划。财务费用预算应按照预算期的借款计划、预计现金流量表外币存贷款情况、发行的债券等计算编制出应发生的费用。企业应充分了解各种金融工具和金融政策，并选择最适应本企业的金融产品来降低企业的财务费用。财务费用预算的明细项目主要包括：利息支出（减利息收入）、汇兑损失（减汇兑收益）、借款手续费及其他筹资费用。为符合资本化条件的资产借款而发生的费用应予以资本化，不列入财务费用预算。符合资本化条件的资产是指需要经过相当长时间的购建或者生产活动才能达到预定可使用或者可销售状态的固定资产和投资性房地产等资产。"相当长时间"是指为资产的购建或者生产所必需的时间，通常为1年以上（含1年）。

3. 预计利润表

预计利润表是指以货币形式综合反映预算期内企业经营活动成果（包括利润总额、净利润）计划水平的一种财务预算。它是根据销售、产品成本、费用等预算有关资料编制的。

4. 预计资产负债表

预计资产负债表是指用于总括反映企业预算期末财务状况的一种财务预算，是以期初资产负债表为基础，根据生产、销售、资本等预算的有关数据加以调整编制的。

5. 预计现金流量表

预计现金流量表是指反映企业一定期间现金流入与现金流出情况的一种财务预算。它从现金的流入与流出两个方面，揭示企业一定时期经营活动、投资活动和筹资活动所产生的现金流量。

(三) 电商创业企业财务预算的编制方法

1. 固定预算与弹性预算

（1）固定预算也称为静态预算，是指把企业预算期的业务量固定在某一预计水平上，以此为基础来确定其他项目预计数的预算方法。

（2）弹性预算是固定预算的对称，主要在于把所有的成本按其性态分为变动成本与固定成本两大部分。二者的主要区别是：固定预算是针对某一特定业务量编制的，弹性预算则是针对一系列可能达到的预计业务量水平来编制的。

2. 增量预算与零基预算

（1）增量预算是指在基期成本费用水平的基础上，结合预算期业务量水平及有关降低成本的措施，通过调整原有关成本费用的项目而编制预算的方法。

（2）零基预算也称零底预算，是指在编制预算时对于所有的预算支出以零为基础，不考虑以往情况如何，从实际需要与可能出发，研究分析各项预算费用开支是否必要合理，进行综合平衡，从而确定预算费用。二者的主要区别是：增量预算是以基期成本费用水平为基础，零基预算则是一切从零开始。

3. 定期预算与滚动预算

（1）定期预算是以会计年度为单位编制的各类预算。

（2）滚动预算又称永续预算，是指不将预算期与会计年度挂钩，而是始终保持12个月，每过去1个月，就根据新的情况进行调整和修订后几个月的预算，并在原预算基础上增补下一个月预算，从而逐期向后滚动，连续不断地以预算形式规划未来经营活动。二者的主要区别是：定期预算一般以会计年度为单位定期编制，滚动预算不将预算期与会计年度挂钩，而是连续不断地向后滚动，始终保持12个月。

五、电商创业企业财务控制

财务控制是指对企业的资金投入及收益过程和结果进行衡量与校正，目的是确保企业目标以及为达到此目标所制订的财务计划得以实现。现代财务理论认为企业理财的目标以及它所反映的企业目标是股东财富最大化（在一定条件下就是企业价值最大化）。财务控制总体目标是在确保法律法规和规章制度贯彻执行的基础上，优化企业整体资源综合配置效益。厘定资本保值和增值的委托责任目标与其他各项绩效考核标准来制定财务控制目标，是电商创业企业理财活动的关键环节，也是企业确保实现理财目标的根本保证，所以财务控制应服务于企业的理财目标。

六、电商创业企业财务分析

电商创业企业财务分析是指利用财务报表及其他有关资料，运用科学方法对电商创业企业财务状况和经营成果进行比较、评价，以利于企业经营管理者、投资者、债权人及国家财税机关掌握企业财务活动情况和进行经营决策的一项管理工作。

电商创业企业开展财务分析的意义在于：①开展财务分析有利于企业经营管理者进行经营决策和改善经营管理；②开展财务分析有利于投资者做出投资决策和债权人制定信用政策；③开展财务分析有利于国家财税机关等政府部门加强税收征管工作和正确进行宏观调控。

任务小结

现代企业管理是对拥有的资源——人力资源、金融资源、物质资源及信息资源等进行有效的计划、组织、领导和控制，用最有效的方法去实现组织目标。

计划管理是企业管理者在企业经营发展过程中必须掌握的一项管理手段和方法。计划管理的本质是对企业行动的一种控制，控制企业的各项行动向着企业发展的目标靠近。计划管理必须是对行动的全过程管理，即事前管理、事中管理、事后管理。在计划管理中，计划的编制是基础，审核是手段，实施是保障，考评是结论。

通常情况下，企业组织结构的形式有直线制、职能制、直线职能制、事业部制、模拟分散制、矩阵制、多维立体制组织。

现代企业制度的基本特征是：产权清晰、权责明确、政企分开、管理科学。

组织为了吸引和选拔能干的员工并激发他们的献身精神，必须要开展卓有成效的人力资源管理工作。人力资源管理不同于传统的人事管理，人力资源管理就是预测组织人力资源需求并做出人力需求计划，招聘选择人员并进行有效组织，考核绩效、支付报酬并进行有效激励，结合组织与个人需要进行有效开发以便实现最优组织绩效的全过程。

人力资源计划是预测未来的组织任务和环境对组织的要求，以及为了完成这些任务和满足这些要求而设计的提供人力资源的过程。它要求通过收集和利用信息对人力资源活动中的资源使用活动进行决策。人力资源计划分为战略计划和战术计划。

人力资源管理工作的关键是要处理好直线管理人员与人力资源管理参谋或职能人员之间的分工协作关系。

对员工行为的引导和控制是人力资源管理的重要内容。它将提高员工的工作满意度、工作投入度和组织承诺度，以使组织所配备的人力资源更好地发挥作用。

管理者要成功地引导和规范员工的行为，必须理解员工的行为是在什么样的心理因素作用下发生的。认知、情感是引导和控制员工行为主要的心理因素，对这些因素的认识要求管理者具备心理学方面的知识及相关技能。

员工并不是单独的个人，而是在人群和组织背景中工作的个体，其行为不仅取决于个体的因素，也受到外部因素的作用。所以，电商创业企业管理者必须具有社会心理学、社会学等知识，注重对员工行为情境的分析、培植和塑造，以使员工产生其期望的行为。

在员工行为管理中，激励和控制是相互联系的两个方面。如果说激励是使员工按所期望的方式努力工作，控制则是确保员工的行为方式与组织或管理者的要求相符合。使员工努力"去干什么"和"不去干什么"，这两个方面应该得到同等的重视。

引导员工行为的方法有：激励员工和培训员工。

对财务管理的概念、目的、环节、内容等进行了梳理，同时着重对财务管理诸环节的概念、内容、方法、步骤等进行了比较明确的阐述。

市场营销管理过程是企业为实现企业任务和目标而发现、分析、选择和利用市场机会的管理过程。市场营销管理人员不仅要善于寻找、发现有吸引力的市场机会，而且要善于对所发现的各种市场机会加以评价，要比较市场机会与本企业的任务、目标、资源条件等是否一致，要选择那些比潜在竞争者有更大优势、能享有更大"差别利益"的市场机会作为本企业的机会。市场营销组合是现代市场营销理论中的重要概念。市场营销组合中所包含的可控制的变量可以概括为4个基本变量：产品、价格、地点（分销）和促销。

物资管理工作的内容主要有：①掌握物资的供需信息；②保证供应；③合理使用和节约物资；④经济合理地确定物资储备；⑤加速流动资金周转；⑥实行物资管理岗位责任制。

设备管理是以企业生产经营目标为依据，通过一系列的技术、经济、组织措施，对设备的规划、设计、制造、选型、购置、安装、使用、维护、修理、改造、更新直至报废的全过程进行科学管理的一种方法。设备管理是切实保障组织中的各种设备一直处于良好状况的手段，对企业的生产发展和经济效益的提高产生直接影响。

思考与练习

1. 举例说明计划的类型。
2. 简述计划管理的意义。
3. 阐述对计划管理本质的理解。
4. 管理组织设计的一般原则是什么？企业管理组织结构有哪些形式？
5. 请依照某单位的机构设置，绘制一张该单位的组织结构图。
6. 什么是现代企业制度？它有哪些基本特征、要求及组织形式？
7. 企业文化的构成要素有哪些？其主要功能是什么？
8. 怎样进行人员选聘与组合？
9. 人员考核的内容与方法有哪些？
10. 在进行人员配备时，为什么要进行人员结构分析？具体的步骤和方法包括哪些？
11. 你认为要做好全员培训，最应该注意的问题包括什么？为什么？
12. 怎样设计奖酬体系？
13. 试述财务管理及财务管理的职能。
14. 试述企业资金循环和资金的周转及其意义。
15. 试述工业企业财务管理的基本方法，以及各种方法之间的内在联系。
16. 举例说明市场营销管理的一般过程。
17. 举例说明如何分析和评价市场机会。
18. 简述市场营销组合的内涵和特点。
19. 市场营销组合应用中须处理好哪几种相应关系？

参考文献

[1] 罗天虎. 创业学教程[M]. 西安：西北工业大学出版社，2004.

[2] 费琦丽，吕继仁. 决胜网络创业[M]. 北京：中国劳动社会保障出版社，2015.

[3] 金元浦. 威客模式：前景广阔的创意产业新业态[J]. 中关村，2011（3）.

[4] 陈晓鸣. 电商创业：基础、案例与方法[M]. 北京：人民邮电出版社，2016.

[5] 贾真. 电商创业者[M]. 北京：电子工业出版社，2020.

[6] 史新，邹一秀. 威客模式研究述评[J]. 图书与情报，2009（1）.

[7] 黄罡，曹志斌. 电商创业[M]. 北京：人民邮电出版社，2018.

[8] 魏文斌. 创新、诚信和责任是企业家精神的三要素[J]. 中国市场监管研究，2016（9）.

[9] 叶琼伟，孙细明，罗裕梅. 互联网+电子商务创新与案例分析[M]. 北京：化学工业出版社，2017.

[10] [美] 彼得·蒂尔，[美] 布莱克·马斯特斯. 从0到1[M]. 高玉芳，译. 北京：中信出版社，2015.

[11] 赵大伟. 互联网思维孤独九剑[M]. 北京：机械工业出版社，2014.

[12] 王晓晶. 电子商务与网络经济学[M]. 第2版. 北京：清华大学出版社，2014.

[13] 孙细明，叶琼伟，朱湘辉. 电子商务创业[M]. 北京：化学工业出版社，2015.

[14] 鲁若愚. 技术风险与项目层面的技术风险管理[J]. 中国青年科技，2008（5）.

[15] [美] 菲利普·科特勒. 营销管理[M]. 第10版. 梅汝和，等，译. 北京：中国人民大学出版社，2001.

[16] 宋广群. 市场营销学[M]. 成都：西南交通大学出版社，2008.